KB234154

• 본문 78페이지 하단 두 번째 줄, <u>25% 초과</u>는 <u>25% 이하</u>로 바로 잡습니다.

대 중국 투자 지침서

Doing Business (Safely) in China

국립중앙도서관 출판시도서목록(CIP)

대 중국 투자 지침서 / 저자 : 프란치스코 솔레르 카바예로
외 ; 역자: 서정아. ― [용인] : 생각과 사람들, 2014
　　p. ;　　cm

원표제 : Doing business safely in China
원저자명 : Francisco Soler Caballero
영어 원작을 한국어로 번역
ISBN 978-89-98739-00-3 13300 : ₩15000

대중국 투자[對中國投資]

327.9812-KDC5
332.67350915-DDC21　　　　　　CIP2013029033

대 중국 투자 지침서

저자 프란치스코 솔레르 카바예로 외

DOING BUSINESS SAFELY

IN CHINA

역자 서정아

생각과 사람들

CONTENTS / 목차

INTRODUCTION / 서론

최근 수년 새에 중국은 세계를 주도하는 경제 대국으로 성장했다. 또 2008년에는 국내 총생산량이 독일을 제치고 미국, 일본에 이어 3위로 성장했다. 여기서 주목해야 할 점은 이러한 경제 발전이 불과 30년 새에 이루어졌다는 것이다. 70년대 말까지만 해도 중국은 외부 세계에 문호를 개방하지 않은 나라였다. 청 제국과 중화민국에 이어 중화 인민 공화국이 수립되고 그 이후 문화 혁명 시대를 거치기까지 중국과 외부 세계 간에는 사실상 아무런 경제 관계도 없었다.

문화 혁명이 끝을 맺기까지 근 20년 동안 중국은 무법천지나 다름없었다. 그러던 차에 중국 정부는 구소련의 사법 시스템을 도입했으나 구소련이 해체되자 다시 이를 철폐했다.

이러한 변화는 덩샤오핑이 주도한 개혁 개방 정책과 더불어 시작되었다. 덩샤오핑이 1979년 문호 개방 정책을 시행하면서 중국은 외부 세계에 그 모습을 드러냈다. 그 결과 현대 역사상 가장 대대적인 경제 변혁이 일어났고 이는 중국의 국가 위상을 크게 뒤바꿔놓았다. 그에 따라 중국에 대한 외국인 투자가 계속해서 늘어나는 추세로 오늘날 중국은 세계 2위의 투자 수혜국이다.

이렇게 외국인 투자가 늘어나면서 중국의 법률도 대대적으로 개정되기 시작했다. 중국은 최근 수년 새에 주요 법규 수천 가지를 새로 시행했으며 그 결과, 사업 거래가 법적인 보호를 받을 수 있게 되었다. 개정된 법의 규모가 어느 정도인지 좀 더 구체적으로 알아보자. 지난 5년 동안 중국이 개정한 대표적인 기본법은 다음과 같다.

- 외국인 투자 관련법
- 기업법
- 반독점법
- 파산법
- 재산법
- 부동산법

요컨대 중국은 최근 수년 새에 사법 제도 전반을 완전히 재편한 것이다.

특히 2001년 세계 무역기구(이하 WTO)에 가입하면서 WTO와 약정을 체결하고 경제 개방 속도를 가속화하기 위해 사법 제도 전반을 정비해야 했다.

그간 중국 경제는 급성장했다. 하지만 현재 중국 경제가 외국에 완전히 개방되어 있다고 보기는 어렵다. 아직도 외국인 투자자에게는 중국인 투자자와 다른 법규가 적용된다. 게다가 문화적인 장벽과 판이한 언어 문제까지 더해져서 외국인 투자자가 중국에서 사업을 추진하기란 여간 어려운 일이 아니다.

외국인 투자자에게 과도기적으로 적용되는 규정은 법 조항의 형태를 띤다. 이러한 규정에 따라 외국인이 중국에 투자하려면 행정 당국의 인허가, 등기 절차 등 여러 요건을 충족해야 한다. 또한 일부 경우에는 중국 정부가 외국인 투자에 제한 조치를 적용하여 자국에 유리하다고 판단되는 종류의 투자만 장려하기도 한다. 과거에는 이러한 차별 정책이 세금 우대 정책의 형태로 나와서 오히려 외국인 투자자에게 유리하게 작용하기도 했다. 그러나 2008년 1월에는 국내 기업과 외국인 투자자에게 통일된 세제를 적용한다는 정책이 시행됨에 따라 외국인 투자자에 대한 세금 우대 조치가 전부 폐지되었다.

위에 언급된 사항 이외에도 중국 사법 제도에 영향을 끼친 요소로는 중국의 독특한 현대사와 현재의 정치적인 상황이 있다. 예를 들어 도시 지역의 토지 소유권은 중국 정부에 있는 반면에 농촌 지역이나 도시 외곽의 토지는 일반적으로 집체 경제 단체에 귀속된다. 그러나 개인이나 법인에는 일정 기간 토지를 사용할 수 있는 토지 사용권이 부여된다. 사용 기간은 주거, 산업, 교육 등 토지의 용도나 사용권의 종류에 따라 다르다. 또한 개혁 조치 이후 최근 일부 지역에서는 근로자의 권익을 유럽 국가의 수준을 넘어설 정도로 보장하는 노동 관련법이 시행된다.

우리는 이 책이 외국인 투자자가 문화, 법규, 언어상의 차이로 중국에서 겪을 수 있는 어려움과 불확실성을 최소화하는 데 기여하길 바란다. 동시에 중국과 다른 국가 간의 원활한 무역과 투자에 이 책이 도움이 되었으면 한다.

중국의 법제와 세제는 계속해서 발전하고 있음을 주지하기 바란다. 이 책은 출간일 당시의 최신 정보를 소개하고 있으며 그에 따라 출간일 이후의 법제나 세제 개편은 다루지 않는다.

이 책에 소개된 문서의 목록이나 요건은 절대적이거나 완전한 것이 아니다. 따라서 업무를 추진하기 전에 관련 당국과 사전 확인이 필요하다. 이제까지 경험한 바에 따르면 중국에는 행정 절차에 필요한 문서와 요건에 대한 통일된 지침이 없어 같은 일을 해도 지역에 따라 당국의 입장과 해석이 갈린다. 그러므로 개별 사안의 실행을 추진할 때는 반드시 구체적으로 확인하는 준비 절차를 거치는 것이 바람직하다.

이 책에 포함된 정보는 일반 정보이며 개별 투자 사업의 구체적인 내용과 투자자에 따라 해당되지 않을 가능성도 있으므로 법률 자문으로 해석해서는 안 된다. 중국에 투자하기로 해서 투자 대상에 관한 분석이나 세부 정보가 필요할 경우, 반드시 그에 대한 법률 자문을 구하도록 한다.

1장

개관 /
General Aspects /

1. 중국의 지리적 위치와 행정 구역

중국은 동아시아에서 면적 960만 km^{2}을 차지하는 나라로 홍콩, 마카오 등 특별 행정구(Special Administrative Region, 이하 SAR) 2개와 4개 직할시, 32개 성(省)으로 구성된다. 32개 성 가운데 5개는 소수민족 자치구이며, 베이징, 톈진, 상하이, 충칭 등 4개 직할시는 중앙정부가 직접 관리한다. 32개 성은 모두 중앙정부의 통치를 받는다. 하지만 홍콩과 마카오 특별 행정구는 중국 본토[1]의 성들에 비해 폭넓은 자치권을 누린다.

2. 주민과 언어

중국은 인구가 13억 명을 넘어선 세계 최대의 인구 대국이다. 그

---

1) 이 책에 달리 명시되지 않는 한 '중국' 은 홍콩이나 마카오가 아닌 중국 본토를 의미한다.

가운데 92%가 한(漢)족이며 나머지 8%는 56개 소수 민족으로 이루어져 있다. 공용어는 보통화(普通話)로 불리는 표준 중국어지만 광둥어, 상하이어, 쓰촨어, 하카어 등의 방언을 쓰는 주민도 있다.

3. 경제

본래 중국은 외국과의 교역을 사실상 금지한 계획 경제 체제를 고수했다. 그러나 지난 30년간 민간 부문이 급격히 성장하면서 현재는 시장 경제 체제에 가까워졌다. 1970년대 말 이후로 중국 경제의 연평균 성장률은 9.6%에 이르렀다. 중국의 국가통계국(the National Bureau of Statistics)은 2007년 국내 총생산(이하 GDP)이 24조 6,610억 위안이라고 발표했다. 이러한 잠정 수치를 최종 집계하여 2009년 1월 14일에 발표한 자료에 따르면 중국은 이미 2007년에 독일을 추월하여 미국과 일본에 이은 세계 3위의 경제 대국이 되었다.

최근 수년간 중국의 인플레이션율은 완만한 추세를 유지했다. 일례로 2007년 소비자 물가지수(CPI)는 4.8%였고 중국의 공식 통화인 런민비(人民幣)의 가치는 꾸준한 상승세를 탔다. 또 지난해 런민비 환율 절상 폭은 미국 달러화 대비 5%를 넘어섰다.

중국은 중부나 서부에 비해 동해안 지역이 전반적으로 더 발달되었다. 이처럼 지역별로 불균형한 발전 양상을 보이고 있음에도 중국 소비자의 소비 역량은 급속도로 성장하고 있다. 수출뿐 아니라 내수 역시 중국 경제 성장에 크게 기여하고 있는 것이다. 내수가 성장함에 따라 중국에 진출한 외상투자기업(foreign invested enterprises, 이하 FIE)의 시장도 확대될 것으로 기대된다.

4. 산업

　중국이 세계 최대의 제조 강국이라는 것은 널리 알려진 사실이다. 중국 제조업 상당수가 여전히 노동 집약형이지만 정부 차원에서 기술 집약형 산업과 친환경 산업의 발전에 박차를 가하고 있다. 제조업은 1970년대 말 이후로 가파른 성장을 보여 2006년에는 중국 GDP의 약 46%를 차지했다.

　중국은 전통적으로 철강, 석탄, 섬유, 기계, 알루미늄, 석유, 야금 및 채굴 산업에 주력했으며 최근에는 이동통신 장비, 전자, 자동차, 화학, 비료, 항공 산업에도 힘을 쏟아 역시 크게 성장했다. 중국의 산업 중심지로는 동북 지역, 베이징-톈진-탕산 지역, 양쯔강과 주장의 삼각지 지역 등이 있다.

5. 해외 무역

　중국의 연간 해외 무역량 역시 최근 수년 새 급성장했다. 가장 최신 입수 자료에 따르면 중국의 무역량은 2006년 1조 7,600억 달러에서 2007년 2조 1,738억 달러로 뛰어올랐다. 또한 2008년 1월부터 9월까지 총 무역량은 1조 9,671억 달러였다. 2006년 데이터에 따르면 현재 중국의 최대 무역 상대국은 교역량이 2,723억 달러에 이르는 유럽연합(이하 EU) 회원국들이다. 런민비 환율 절상과 국내 인플레이션율 상승도 이렇게 무역량이 늘어나면서 흑자를 본 결과다.

　가공무역은 총 수출 가운데 가장 큰 비중을 차지한다. 2006년 중국의 수출에서 약 55%가 가공무역이었다. 또한 총 해외 무역량에서

FIE가 차지하는 비중은 60%에 근접했다.

중국의 주요 수출 품목으로는 전자 제품 및 기계류, 섬유, 최첨단 기술 제품 등이 있다. 주요 수입 품목은 원유, 콩류, 철광석이다.

2001년 세계무역기구(the World Trade Organization, 이하 WTO) 가입 직후 중국은 WTO와의 약정에 따라 관세를 낮추고 무역장벽을 하나둘씩 철폐하고 있다. 과거에는 국유 기업 가운데서도 선택받은 소수의 기업만이 해외 무역에 관여하는 특혜를 누릴 수 있었다. 하지만 현재는 중국 국내 기업이든 FIE든 해외 무역 종사 업체로 등록만 하면 그러한 권한을 누릴 수 있다.

6. 내수

2007년 중국의 총 소매 매출액은 8조 9,000억 위안이었다. 도시 거주자의 연평균 소비 금액은 1987년 1,000위안에서 2007년 8,500위안으로 급상승해 지난 20년간 큰 폭으로 성장했음을 보여준다. 하지만 도시민과 시골 거주자 간의 소비 격차는 여전히 크다. 실제로 2007년 시골 거주자의 연평균 소비 금액은 2,829위안에 불과했다.

7. 국내 정치

중국은 전국 인민 대표대회(the National People's Congress, 이하 전인대)라는 단일 조직이 헌법으로부터 권한을 위임받아 통치하는 공화국이다. 전인대는 5년마다 성, 자치구, 직할시, 특별구, 인민

해방군에서 선출하는 대표로 구성된다. 정부 부처장을 비롯한 고위 공직자들을 임명하는 곳도 전인대다. 전인대 상무위원회 위원, 국가주석과 부주석, 총리를 비롯한 국무원 위원, 중앙 군사 위원회 주석을 비롯한 기타 위원, 최고 인민법원장, 최고 인민 검찰원장 등이 전인대에서 임명하는 공직이다.

중국의 집권 정당은 중국 공산당이다.

중앙 정부는 물론 지방 정부와 시군에도 입법부, 행정부, 사법부가 구성되어 있다.

8. 문화

중국은 공식 국교는 없지만 일부 사람들이 유교, 도교, 불교를 믿고 있다.

서구 기업인은 중국의 기업인과의 문화적 차이로 당혹감을 느낄 수 있다. 예를 들어 협상 과정에서 자신의 입장을 내세우는 방식도 다르며 계약과 기업 실사에 대한 태도도 서구권과 다르다. 따라서 중국식 사업 관행을 이해하려면 중국인 사업 파트너를 두는 것이 유익하다. 이는 특히 '체면'과 '인맥'의 중요성을 파악하고 문화적 차이를 뛰어넘는 데 도움이 된다.

2장

법 체제 /
Legal System /

중국의 법 체제는 일원화되어 있으며 국가의 모든 권한은 베이징에 있는 중앙정부에서 비롯된다. 지방 정부와 기관의 권한은 중앙정부의 재량에 좌우된다.

중국의 국가 권력은 전반적으로 볼 때 입법, 사법, 행정 등 3개 체제로 분리되어 있다.

1. 중국의 제정법

중국의 입법 체제는 영미권의 관습법보다는 유럽의 대륙법 체제와 비슷한 점이 많다. 하지만 구소련의 체제에서 차용하거나 중국 전통 법 체제에서 계승한 몇몇 요소 역시 무시할 수 없다. 본질적으로 중국에서는 성문법만이 공식적으로 효력을 발휘하며 판례나 관례는 법의 근원으로 인정되지 않는다.

1.1. 법의 근원

중국 현대 법에서 공식적인 법의 근원은 표 2.1에서 보듯이 헌법, 법률, 행정 규정, 지방 규정, 특별구 법률, 규칙, 국제 조약, 국제 관습법 등 각급 법의 법령이다.

헌법은 다른 법에 우선한다. 정부의 기틀을 수립하고 정부와 사회의 일반 원칙을 제정하며 중국 국민의 기본 권리와 의무를 결정하는 것도 헌법이다.

법률은 전인대나 전인대 상무위에서 제정한다. 행정 규정은 국무원이 입법 제정하는 법 가운데 하나다. 국무원과 산하 부처는 규칙도 제정할 수 있다.

지방에서는 현지의 전인대가 지방 규정을 제정할 수 있으며 지방 정부는 지방의 행정 규정을 제정할 수 있다. 자치구의 일반 규정과 특수 규정은 자치구가 제정할 수 있도록 허용된다.

기본법은 홍콩과 마카오 등 중국으로 이양되기 전에 자체적인 법 체제를 갖추고 있던 특별구를 관할하기 위해 새로이 도입된 법 개념이다. 특별구에서는 중화인민공화국의 헌법에 부합하는 한 과거에

법의 유형		입법기관
헌법		전인대
법률	기본법	전인대
	기타	전인대 상무위
행정 규정		국무원
지방 규정		현지 전인대 및 성이나 성급 구역의 전인대 상임위
행정 규정	전국	국무원 산하 부처
	지방	입법 권한이 있는 지방 정부
자치구 규정	일반	의회 및 5개 자치구의 국무원 위원
	특수	
특별구 규정		홍콩 및 마카오 당국
중국이 서명한 국제 협정이나 조약		

[표 2.1] 중국 현대 법의 근원

제정된 기본법 체제가 우선한다.

중국의 준거법에 따라 외국법을 중국의 준거법에 어떻게 적용하느냐에 대해서는 헌법에 명시되어 있지 않으나 실질적으로 중국 법의 일부로 자동 편입되도록 하는 방침을 택하고 있다. 그러나 중국이 어떤 조약에 대해 보류한 조항이 있다면 이는 중국 법상 시행되지 않는다.

미국이나 영국 등 관습법을 채택하는 국가와 달리 중국에서는 판례가 법적 구속력이 있는 선례로 인정되지 않는다. 이론적으로 모든 판결은 독자적으로 내려지며 다른 법원의 판결에 대해 구속력이 없다. 그러나 실질적으로는 하급 법원의 판사가 최고 인민 법원의 법 해석을 따르는 경향이 있다.

1.2. 중국의 민법과 상법

1.2.1. 개괄

중국은 통합된 민법이 없다. 민법 체제의 큰 틀은 주로 〈중화인민공화국 민법 통칙(1986년)〉과 〈중화인민공화국 민법 통칙의 몇 가지 시행 현안에 관한 최고 인민 법원의 의견서(1988년)〉가 구성한다. 여기에는 민법의 기본 원칙뿐 아니라 자연인과 법인, 민사 행위, 공민권, 민사 책임, 민사소송을 야기하는 불법 행위 등 민법의 기본 사항이 명시되어 있다.

그뿐만 아니라 위에 언급된 틀을 시행하는 법률도 있다. 이러한 법률은 각기 다음과 같은 민법 분야에 적용된다.

- ‘중화인민공화국 부동산법(PRC Property Law, 2007년)’ : 동산과 부동산의 물권, 소유권, 용익권, 담보권의 생성, 변경,

양도, 소멸 등에 적용된다.

- '중화인민공화국 회사법(PRC Enterprise Law, 2005년)' : 유한 책임 회사, 유한 주식회사 등 기업과 관련된 모든 사안에 적용된다.
- '중화인민공화국 계약법(PRC Contract Law, 1999년)' : 계약의 체결, 효력, 이행, 해지에 관한 조항과 불이행에 관한 책임 조항, 다양한 표준계약의 특수 조항을 포괄한다.

1.2.2. FIE에 적용되는 법

FIE는 대체로 유한책임회사의 형태로 설립되며 중화인민공화국 회사법을 준수해야 한다. 단, FIE의 각 유형에 따라 다음과 같은 특수 법규 조항의 적용도 받는다.

- '중화인민공화국 외상 독자 기업법(PRC Law on Wholly Foreign-Owned Enterprises, 1986년 공포, 2000년 개정)' 및 그 시행 세칙(1990년 공포, 2001년 개정)은 외국인이 전액 출자한 외상 독자 기업(wholly foreign-owned enterprises, 이하 WFOE)에 적용된다.
- '중화인민공화국 중외 합자경영 기업법(PRC Sino-Foreign Equity Joint Ventures, 1979년 공포, 1990년 및 2001년 개정)' 및 그 시행 세칙(1983년 공포, 1987년 및 2001년 개정)은 중외 합자경영 기업(equity joint ventures, 이하 EJV)에 적용된다.
- '중화인민공화국 중외 합작경영 기업법(PRC Sino-Foreign Contractual Joint Ventures, 1988년 공포, 2000년 개정)' 과 그 시행 세칙(1995년 공포)은 중외 합작경영 기업(contractual

joint ventures, 이하 CJV)에 적용된다.

1.2.3. 기타 상사 행위에 적용되는 주요 법규

중국은 성문법 체제를 채택하며 통합된 민법이나 상법이 없으므로 몇 가지 법률이 각기 다른 유형의 상사 행위에 적용된다. 그 사례는 다음과 같다.

가. 무역법

중국은 '국제 물품 매매 계약에 관한 UN 협약(The United Nations Convention on Contracts for the International Sale of Goods, 이하 CISG)'을 채택하여 외국과의 무역에 적용하고 있다. 하지만 국내 무역과 관련된 사안은 CISG에서 다루지 않으므로 〈중화인민공화국 민법 통칙〉과 중화인민공화국 계약법이 적용된다. 또한 가공 무역과 서비스 무역에 관한 특수 법규도 마련되어 있다.

나. 지적 재산법

지적 재산권에 관한 중국의 제정법은 국내법과 중국이 조인한 국제 조약으로 구성된다. 이때 가장 중요한 국내법으로는 '중화인민공화국 특허법(PRC Patent Law, 2000년)', '중화인민공화국 상표법(PRC Trademark Law, 2001년)', '중화인민공화국 저작권법(PRC Copyright Law, 2001년)'이 있으며, 적용되는 국제 조약으로는 '공업 소유권 보호를 위한 파리 협약(The Paris Convention for the Protection of Industrial Property, 이하 파리 협약)', '국제 상표 출원에 관한 마드리드 의정서(The Madrid Agreement Concerning International Registration of Marks, 이하 마드리드 의정서)', '문학 및 예술 저작물 보호에 관한 베른 협약(The Berne Convention for the Protection of Literary and Artistic Works, 이하 베른 협약)' 등이 있다.

다. 세법

중국의 세제는 상당히 복잡한 편이다. 대표적으로 관세, 기업 소득세, 개인 소득세, 부가가치세, 사업세, 우표세, 취득세, 소비세 등이 있고 각기 다른 법규의 적용을 받는다. 최근 중국은 1994년에 이어 2차 세제 개혁을 단행했는데 그중 특히 기업 소득세에 초점을 맞추고 있다. 일례로 국내 기업 소득세와 외상 기업 소득세가 기업 소득세로 통합되었다.

라. 고용법

현재 '중화인민공화국 노동법(PRC Labor Law, 1995년)' 및 '중화인민공화국 노동 계약법(PRC Labor Contract Law, 2007년)'이 중국 고용법의 근간을 이루는 양대 법률이다. 최근에 제정된 중화인민공화국 노동 계약법[1]은 노동자의 권익을 좀 더 광범위하고 효율적으로 보호하겠다는 취지에서 만들어졌다. 실제로 이 법이 시행되면서 중국의 노동법 적용에 몇 가지 변화가 일어났으며 노동시장의 경각심도 높아졌다. 그럼에도 중국 노동법의 근원은 완전히 통합되지 않았는데 이는 지방 규정과 중앙 정부가 발표한 특수 법률의 수가 너무 방대하기 때문이다.

---

1) 2008년 1월 1일 발효되었다.

2. 중국의 사법 체제

중국의 사법 체제는 매우 복잡하며 위계질서가 분명하게 정립되어 있다. 법원 조직과 몇몇 기본적인 재판 규정이 특징적이다.

2.1. 법원 조직

현행 헌법과 중화인민공화국 인민 법원의 조직에 관한 법에 따라 인민 법원이 국가의 주요 사법 기관이다. 인민 법원의 조직은 지방 법원, 특별 법원, 최고 인민 법원으로 구성된다.

지방 법원의 조직은 기존 행정 부문의 조직을 따른다. 성(省)급에 고급 인민 법원, 시(市)급에 중급 인민 법원, 그보다 낮은 지방이나 현(顯)급에 기층 인민 법원이 있다. 특별 법원은 특정 분야의 재판을 관할하기 위해 설치된 것이다. 현재 중국에는 군사 법원, 해사 법원, 철도 법원 등의 특별 법원이 있다. 최고 인민 법원은 베이징에 있으며 최상급 법원으로 최고의 사법권을 행사한다. 또한 하급 법원과 특별 법원을 감독한다.

특별 법원 이외에는 모든 법원이 형사, 민사, 지적 재산권, 집행 등의 몇 개 부문으로 구성된다. 하급 법원은 일정 부분 상급 법원의 감독을 받으며 궁극적으로는 전인대의 관할이다. 각 법원에는 소송이나 판결을 심리하는 '판결위원회'가 조직되어 있어 법원 내부에 지침을 제공하는 역할을 한다.

2.1.1. 2심제

양심 종심제(兩審 終審制)에 따라 소송 당사자가 항소할 수 있는 기회는 단 한 번으로 제한된다. 항소 재판은 1심 판결을 내린 법원보다 상급 법원에서 진행하며 사건의 법률상 논점과 사실관계를 처음부터 새롭게 심리한다. 다시 말해 소송은 2심 판결 후에 종결된다.

3. 정부 행정 조직

중국 정부의 최고 정책 기구는 국무원으로 중국 정부의 수장인 총리가 이끈다. 정부의 일원은 전인대가 임명하므로 전인대와 그 상무 위원회에 보고할 의무가 있다.

국무원의 직속 기구로는 외교부, 재정부, 상무부, 국가 세무 총국, 국가 공상 행정 관리 총국 등의 부처가 있다. 또한 지방에도 중앙 정부의 부처에 상응하는 조직이 있다. 그러나 지방의 이러한 조직들이 모두 지방 정부에 소속된 것은 아니다. 예를 들어 지방급 세무 총국이나 세관 등은 지방 정부가 아닌 상위 주관 부서에 직속되

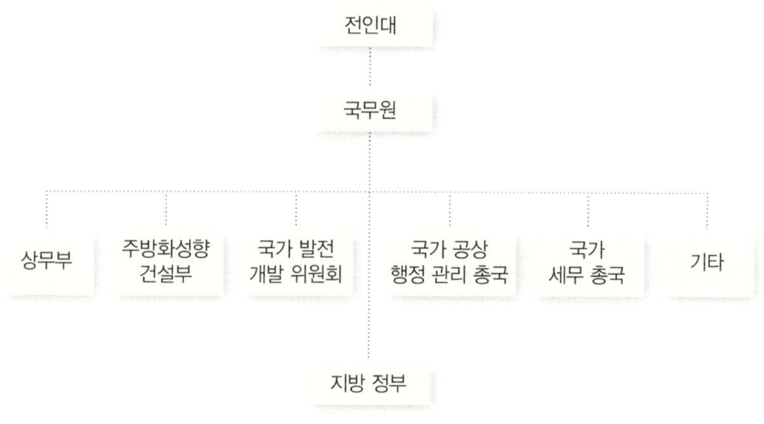

[도표 2.1] 중국의 정부 구조

어 있다.

중국에서 사업 활동을 하고자 하는 사람은 이처럼 다양한 행정 기관에 대해 사전에 숙지할 필요가 있다. 이는 중국 기업과 무역을 하든, 직접 투자를 하든 마찬가지다.

3.1. 상무부

FIE의 설립을 인허가하는 기관은 상무부와 그 관할 주관 부문들이다. 상무부가 관할하는 지방 주관 부문으로는 대외경제협력위원회나 무역위원회, 상무국 등이 있다. 인허가를 받으려면 회사의 상업등기 신청서를 제출하기 전에 부속 정관(articles of association)과 사업성 검토 보고서(feasibility study report)를 상무부나 그 관할 주관 부문에 제출해야 한다. 회사의 등록 자본금을 증자하거나 감자하는 등 회사 전반에 영향을 끼치는 중대한 변경 사항에 대해서도 상무부의 인허가를 받은 이후 진행해야 한다. 무역의 경우에도 수입/수출 면장을 발급하는 주무 기관은 상무부다.

3.2. 국가 공상 행정 관리 총국

국가 공상 행정 관리 총국(State Administration of Industry and Commerce)과 지방의 공상 행정 관리국은 시장을 감독하고 규제하며 그와 관련된 행정법을 집행하는 주요 행정 기관이다.

FIE, 대표 사무소, 지점 등을 설립하고자 하는 외국인 투자자는 해당 지역의 공상 행정 관리국에 설립 등기를 신청하고 영업 허가나 등록증을 발급받아야 한다. 등기에 대한 변경이나 등기 말소 역시 해당 지역의 공상 행정 관리국에서 처리한다.

그뿐만 아니라 공상 행정 관리국은 시장 거래를 규제하고 거래

되는 상품의 품질을 관리한다. 특히 모조품이나 품질 기준에 미달되는 상품의 유통 등 불법 행위를 조사하고 처벌한다. 상표 등록과 관리를 담당하는 주무 기관도 공상 행정 관리국이다. 이에 관해 좀 더 상세한 사항은 제8장에서 다룬다.

3.3. 국가 세무 총국

중국의 세무 당국으로는 중앙 정부의 국가 세무 총국(State Administration of Tax)과 재정부(Ministry of Finance)가 있다. 이들 기관은 세법과 그 관련 규정을 제정하고 반포한다. 관세청 또한 관세와 관련된 법규를 반포할 수 있는 권한이 있다.

세금 징수 권한을 행사하는 주요 기관은 세무 당국이지만 관세와 수입품에 대한 부가가치세는 세관이 징수한다. 지방에도 지방 세무국과 국가 세무국 등 중앙 정부의 국가 세무 총국에 상응하는 기관이 있어 세관이 징수하는 관세를 제외한 세금을 등록하고 징수한다. 일반적으로 국가 세무국은 중앙 정부의 세수 또는 부가가치세, 기업 소득세 등 중앙 정부와 지방 정부가 공유하는 세수만을 징수한다. 지방 세무국은 사업세, 개인 소득세 등 지방에서 창출된다고 판단되는 세수를 징수한다.

3.4. 외환 관리국

외환 관리국(State Administration of Foreign Exchange)은 외환과 관련이 있거나 외환을 이용한 거래를 감독하고 관리한다. 중국에서 외환 계좌를 개설하고자 하는 FIE는 현지의 SAFE로부터 허가를 받아야 한다. 수입과 수출의 경우, 공급업체 입증이나 상품 수리 취소 등의 외환 거래 역시 소재지의 외환 관리국이 관할한다.

3.5. 세관

  세관(Customs)은 상품의 수입과 수출을 감독하는 주무 기관이
다. 수입과 수출 무역에 종사하는 기업은 모두 해당 지역의 관세청
사무소에 사전 등록해야 한다. 세관 등록 번호를 발급받은 기업만이
세관에 수입품이나 수출품을 자사의 명의로 신고할 수 있다. 그렇지
못할 경우, 대행업체를 통해서만 물품을 수입하거나 수출할 수 있
다. 그 외에 세관이 담당하는 업무로는 관세를 징수하고 수출 가공
구역이나 보세 구역 등 특별 무역구역에서 활동하는 기업을 감독하
는 것이 있다.

3장

중국의 외국인 투자 정책
Foreign Investment Policy in China

경제 개혁 바람이 불던 시기, 중국은 외국인 직접 투자(Foreign Direct Investment)를 촉진할 필요가 있었다. 그래서 경제 개혁이 시작된 해부터 30년 동안 중국 정부는 외국인 직접 투자를 적극적으로 촉진하고 장려했다. 그런데 막상 중국 경제가 급격히 성장하고 외국인 직접 투자 자금이 유입되자 정부는 자본 투자가 필요하다고 판단되는 산업체, 부문, 지역에 자금이 집중되도록 투자정책을 계속해서 변경하고 있다.

1. 특구(Special Zones)

중국은 외국인 직접 투자를 유치하고자 국내 곳곳에 다양한 유형의 특구를 설치했다. 특구는 FIE가 자리 잡고 갖가지 세금 특혜를 누릴 수 있다는 점에서 중국 내 다른 지역과 대비된다. 그러나 신규 세법인 '중화 인민 공화국 기업 소득세법(PRC Enterprise Income Tax Law)'이 2008년 1월 1일 발효되면서 외상 투자 기업(Foreign-Invested

Enterprises, 이하 FIE)에 대한 세금 특혜는 대부분 사라졌다.

1.1. 경제특구(Special Economic Zones) 및 기타 개발구 (Development Zones)

중국은 선전(深圳), 주하이(珠海), 산터우(汕頭), 샤먼(厦門), 하이난(海南) 5개 지역에 경제특구를 설치했다. 그 가운데 선전, 주하이, 산터우, 샤먼 경제특구는 1980년에, 하이난 경제특구는 1988년에 설치된 것이다.

그 이외에도 성도(省都) 다수가 개방 도시(Open City)로 지정되었으며, 접경 도시 몇 곳도 개방되었다. 또한 베이하이(北海), 다롄(大連), 푸저우(福州), 닝보(寧波), 칭다오(青島), 상하이(上海), 톈진(天津) 등 연해 도시 14개는 1984년에 연해 개방 도시(Coastal Open City)로 지정되었다.

경제 기술 개발구(Economic and Technical Development Zone)는 개방 도시에도 설치할 수 있다. 1990년대에 일련의 경제 기술 개발구가 설치되었으며, 국가급 경제 기술 개발구는 현재 중국 전역에 50개가 있다. 통상 대도시 중심부에서 떨어진 외곽에 설치된 경제 기술 개발구에는 주로 서비스 산업체와 제조 공정에 첨단 기술을 활용하는 기업이 입주해 있다.

중국 정부는 1991년 '하이테크 산업 개발구(High and New Technology Industry Development Zones)'를 공식적으로 출범시켰다. 현재 50여 개가 중국 전역에 설치되어 있다. 이러한 개발구는 고도의 신기술을 실질적인 생산력으로 전환하고 첨단 기술 노하우를 갖춘 투자기업을 유치한다는 목적으로 설립되었다.

앞서 언급한 바와 같이 신규 도입된 '중화 인민 공화국 기업 소득세법'에 따라 대부분의 세금 특혜가 없어지면서 이들 개발구가 지니는 이점도 어느 정도 약화되었다.

1.2. 수출 가공구(Export Processing Zones)

2000년에 도입된 수출 가공구는 경제 기술 개발구에만 설치될 수 있다. 이곳에서는 별도의 관세와 부가가치세를 치르지 않고도 제품을 가공하여 재수출할 수 있다. 수출 가공구의 설립 취지는 노동력과 대지를 비롯한 중국의 자원을 활용하여 가공무역업을 활성화하고 해외 기업을 유치하는 데 있다.

중국은 현재 40개가 넘는 수출 가공구를 운영하고 있다.

1.3. 보세구(Bonded Zones), 보세 물류 원구(Bonded Logistics Parks), 보세 항구(Bonded Portal Areas)

보세구, 보세 물류 원구, 보세 항구로 수입된 제품에 대해서는 무조건 관세와 부가가치세가 면제된다. 이러한 지역은 중국의 관세 영역(customs territory)에서 제외된다. 1990년에 처음 설치된 보세구와 달리 보세 항구와 보세 물류 원구는 비교적 최근에 도입되었다.

보세구는 제품의 입하 서비스를 개선하고 해외 무역을 강화하며 수출 주도형 제조업에 대한 외국인 직접 투자를 촉진하려는 취지에서 시작되었다. 반면 제조 활동이 허용되지 않는 보세 항구와 보세 물류 원구는 물류 서비스를 개선하고 해외 무역을 증대하는 데 목적이 있다.

2. 국제무역기구 약정(WTO Commitments)

중국은 2001년 12월 11일 다음과 같은 약정을 체결하고 세계무역 기구에 가입했다.

가. 재화와 서비스 무역, 외환 조절, 지적 재산권 보호에 관한 법률 체제를 개혁한다.
나. 외국인 투자자에 (은행과 이동통신 부문 등) 일부 산업과 부문을 점진적으로 개방한다.
다. 수입 물품 다수에 대한 관세를 낮추고 특정 수출 할당량을 폐지한다.

중국의 개방은 점진적으로 이루어졌다. 일례로 중국은 2004년 12월 11일부터 기초 이동통신 부문을 외국인 투자자에 개방하는 데 합의했다. 이를 기점으로 외국인 주주가 이동통신 회사의 지분을 25%까지 보유할 수 있도록 한 것이다. 외국인 투자자의 지분 보유비율은 2006년 12월 11일 35%, 2007년 12월 11일 49%로 계속 증가했다.

3. 홍콩 및 마카오와의 경제 긴밀화 동반자 협정 (Closer Economic Partnership Agreement, 이하 CEPA)

CEPA는 중국 중앙정부와 특별 행정구(Special Administrative Regions, SARs) 간에 체결된 최초의 자유 무역 협정이다. 홍콩과는 2003년 6월 29일에, 마카오와는 2003년 10월 18일에 CEPA가 체결되었다.

CEPA는 홍콩과 마카오의 거대한 재화와 서비스 시장을 개방함으로써 이러한 특별 행정구와 중국 본토 간의 경제 협력관계 및 통합을 한층 강화하는 역할을 했다. CEPA가 체결되면서 중국 본토, 홍콩, 마카오는 물론 외국인 투자자들까지 새로운 사업 기회를 포착했고 특히 외국인 투자자는 홍콩과 마카오에 기업을 설립하여 CEPA가 주는 혜택을 누릴 수 있게 되었다.

CEPA는 단계별 조치를 근간으로 하며, 그에 따라 중국 본토와 특별 행정구는 향후에도 자유화 조치를 시행하고자 긴밀히 협력하고 있다.

CEPA는 현재 다음과 같은 세 가지 사항을 골자로 한다.

- 상품 무역 : 현지 제조업체가 필요한 서류를 제출하고 CEPA의 원산지 규정에 부합하는 한 중국이 수입하는 홍콩과 마카오산 몇몇 상품은 무관세 혜택을 누릴 수 있다.
- 서비스 무역 : 중국 본토 시장에 진출하는 홍콩과 마카오의 서비스 공급업체는 서비스 분야를 막론하고 특혜를 누릴 수 있다.
- 무역과 투자 촉진 : 중국과 홍콩 및 마카오는 전반적인 사업 환경을 개선하고 무역과 투자를 촉진하고자 다양한 무역, 투자 분야에서 협력하는 데 동의했다.

4. 외국인 투자 산업 지침서
(Foreign Investment Industrial Guidance Catalogue)

중국 정부는 특구를 설치하는 것 이외에도 1995년 외국인 직접 투자 자금이 특정 산업 부문에 유입되도록 몇 가지 조치를 단행했다. 경제 전망과 통계수치를 볼 때 자금이 유입되어야 성장하고 발전할 수 있다고 판단되는 산업 부문들이었다. 결과적으로 산업 부문은 외국인 투자 자금의 유입 여부에 따라 투자 장려, 투자 허가, 투자 제한, 투자 금지 등 4가지 유형으로 분류되었다.

이러한 산업 부문에 관한 세부 사항은 중국 정부가 가장 우선적으로 시행하는 경제정책에 따라 개정되는 『외국인 투자 산업 지침서』에 수록되어 있다. 최신판은 2007년 11월에 확정되었고 2007년 12월 1일부로 발표되었다.

『외국인 투자 산업 지침서』는 외국인 직접 투자 자금의 유입이 장려되거나 제한 및 금지되는 산업 부문을 명시하고 있다. 외국인 직접 투자 자금의 유입이 허가되는 산업 부문에 대해서는 따로 명시하지 않았지만 장려, 제한, 금지되는 산업 부문으로 다뤄지지 않았다면 허가 산업 부문으로 간주할 수 있다.

또한 중국 정부는 중국 중부와 서부에 대한 자금 유입을 장려하고자 해당 지역에 중점을 둔 『외국인 투자 우선 산업 지침서(Foreign Investment Priority Industrial Catalogue)』를 발표했다. 이 지침서에서 명시한 산업 부문은 자금 유입을 장려하는 것으로 간주된다.

『외국인 투자 산업 지침서』를 검토하는 것은 외국인 투자자로서 가장 처음 해야 할 일이다. 특히 투자 대상을 결정짓기 전에 반드시 이를 검토할 필요가 있다. WFOE는 외국인 투자자가 가장 선호하는 투자 대상이지만 WFOE가 활동하지 않는 산업과 부문도 존재한다. 『외국인 투자 산업 지침서』는 WFOE 설립이 허용되는 산업 부문과 WFOE 대신 EJV나 CJV를 설립해야 하는 산업 부문을 명시하고 있다. 따라서 이 책을 참조하여 여러분이 계획하는 사업 분야가 어디에 해당되는지 확인하길 바란다.

4.1. 장려 산업 부문

장려 산업 부문에 외국인이 직접 투자를 할 경우 인허가 절차가 간소화되고 설비나 장비에 대한 관세와 부가가치세를 감면 받을 수 있다.

외국인 직접 투자가 장려되는 산업 부문은 다음과 같다.

가. 첨단 농업 기술을 적용하는 산업 부문
나. 농업 기술을 개발하는 산업 부문
다. 에너지, 교통, 주요 원자재를 다루는 산업 부문
라. 신기술이나 첨단 기술을 적용하는 산업 부문

4.2. 제한 산업 부문

외국인이 제한 산업 부문에 직접 투자를 하려면 성급의 주무 당국으로부터 인허가를 얻어야 한다. 일부 제한 산업 부문에 대해서는 WFOE를 설립하고 운영하는 것이 불가능한 경우가 많다. 이때는 EJV나 CJV를 설립해야 한다.

제한 산업 부문은 주로 시대에 뒤떨어진 기술을 이용하거나 환경에 유해한 영향을 끼치는 산업 부문이나 독과점 산업 부문이다.

4.3. 금지 산업 부문

금지 산업 부문의 경우 외국인 직접 투자가 허용되지 않는다. 금지 산업 부문으로는 주로 국가 안보에 위험을 초래할 가능성이 있거나 환경을 오염시키며 공익을 해치고 천연자원을 훼손하거나 군사 기지를 위협하는 산업 부문이 해당된다.

4.4. 허가 산업 부문

『외국인 투자 산업 지침서』에서 다루지 않은 산업 부문은 대개 '허가'로 간주하면 된다. 그러나 사업 활동을 계획하기 전에 중국 정부 당국으로부터 사전에 심사를 받을 필요가 있다. 일부 산업 부문의 경우 '그리 일상적이지 않은' 특성 때문에 장벽에 부딪힐 수 있기 때문이다.

5. 외환 규제

런민비는 변동 환율제를 채택하지 않는 통화다. 그러한 이유로 중국은 외화 지급이나 수취 등 외환 거래를 규제하는 시스템을 구축했다. 해당 규제 시스템은 경상 수지 항목과 자본 수지 항목의 처리가 다르다는 점에 토대를 둔다.

중국 정부가 좀 더 시장 주도적인 방침을 채택함에 따라 외국인 직접 투자와 관련된 여타 규제와 마찬가지로 외환 규제 역시 자유화 추세로 나아가고 있다. 그럼에도 중국의 외환 규제는 여전히 엄격하게 이루어지고 있으며 외국 기업이 감안해야 할 가장 중대한 사안 가운데 하나다.

중국 정부는 경상 계좌 항목의 외환 거래에 대한 규제를 크게 완화했다. 그러나 자본 계좌 항목의 외환 거래는 여전히 까다로운 규제에 얽매여 있다. 예를 들어 FIE에 대한 자본 납입으로 간주되지 않는 외국인 직접 투자 자금은 소재지의 외환 관리국으로부터 승인을 받아 개설한 자본 계좌로 송금한다.

5.1. 경상 계좌 항목

경상 계좌 항목은 국제 수지에서 무역과 인력 서비스 등이 경상적으로 거래된 항목을 말한다. 또한 외채에 대한 이자 지급과 외국인 투자자의 세후 수익도 해당된다.

FIE는 당국이 지정한 외환 거래 은행에 외환 계좌를 개설할 수 있다. 외환 경상 계좌를 처음 개설하는 FIE는 소재지의 외환 관리국에 외환관리 등기를 해야 한다. 이렇게 개설한 외환 경상 계좌에는 액수의 제한 없이 외환을 예금할 수 있다.

외환 경상 계좌는 외환을 수취하고 지급하는 용도로만 사용할 수 있다.

5.2. 자본 계좌 항목

자본 계좌 항목은 국제 수지에서 직접 투자 자금의 수취와 지급, 대출 등 국제 투자와 자금 조달에서 창출되는 자본금이나 채무 항목을 말한다.

FIE가 소재지의 외환 관리국으로부터 승인을 받아야 자본 계좌를 개설하고 자본 납입을 수취할 수 있다. 해외 대출금을 수취하려면 소재지의 외환 관리국에 해외 대출금 등기를 한 후에 특별 외환 계좌를 개설하여야 한다.

자본 계좌 항목에 대한 외화의 수취와 지급은 동일한 자본 계좌를 통해 진행할 수 없다. 따라서 수취용과 지급용으로 별도의 계좌를 개설하여야 한다.

6. 대출에 의한 자금 조달

FIE는 회사 운영을 위해 외환 대출금이나 런민비 대출금을 차입할 수 있다. 그러나 다음 절차와 요건을 충족해야 한다.

6.1. 외환 대출

FIE는 외환 관리국의 사전 승인 없이도 외환 대출을 받을 수 있다. 그러나 앞서 5.2.5에서 언급했듯이 외환 대출금의 액수가 전체 투자 자금과 등기 자금의 차액을 초과해서는 안 된다.

앞서 말했듯이 FIE는 외환으로 대출받기 위해 외환 관리국의 인허가를 구할 필요가 없으나 실제로는 대출 계약이 체결된 후 15일 이내에 소재지의 외환 관리국에 대출에 대해 등기해야 하는 경우가 대부분이다. 만약 외환 대출 등기를 하지 않을 경우 심각한 문제에 직면할 수 있다. 일례로 외환 대출의 원금과 이자를 지급하려면 그 이전에 외환 대출을 등록한 소재지의 외환 관리국으로부터 승인을 받아야 하기 때문에 등기하지 않은 FIE는 대출금 상환에 지장을 받을 수 있다.

외국인 주주의 대출에도 외환 대출 일반과 같은 법률 제도가 적용된다.

6.2. 런민비 대출

FIE는 당국의 허가를 받은 중국계 및 외국계 금융기관에서 런민비로 대출받을 수 있다.

FIE 주주가 런민비로 대출받는 일은 드물며 원하더라도 절차가 무척 복잡하다. 금융기관을 통해 이루어지는 위탁 대출(entrusted loans)로 그러한 문제점을 빗겨가는 경우가 많다.

계열 FIE에 금융 지원을 제공하기 위해 계열 융자 회사(group financing company)를 설립하는 방법도 있다. 단, 그러한 회사를 설립하려면 재무 비율(financial ratio)이 일정 수준을 유지해야 하며 승인을 받아야 하는 등 충족해야 할 조건들이 있다.

유통과 공급 계약

Distribution and Supply - Contractual Arrangements

외국인이 사업체를 설립할 때 중국 내 직접 투자나 법인 설립의 대안으로, 혹은 이를 보완하기 위한 활동으로 중국 거래처나 제휴업체와 다양한 유형의 계약을 체결할 수도 있다. 이러한 계약에는 유통 계약, 대행 계약, (중국 내 유통을 위한) 프랜차이즈 계약, 공급 계약, (중국 상품의 구매를 목적으로 한) 가공 계약 등이 있다. 산업이나 사업 분야별로 정확한 계약 관계를 맺어야 적시에 효율적으로 중국 시장에 제품이나 서비스를 진입시킬 수 있음을 명심하자.

1. 유통 계약

자사의 제품을 중국에 유통하려는 외국 기업이 가장 일반적으로 체결하는 것이 중국 기업과의 유통 계약이다. 이는 중국에 판매 대행업체를 지정하지 않고자 할 때 가장 적합한 방법이기도 하다. 대행 관계를 맺으려면 먼저 중국 측 기업과 좀 더 탄탄한 이해와 신뢰가 구축되어야 한다. 중국 법에 따르면 위임인이 대리인의 행위를 법적으로 책임져야 하기 때문이다. 특히 위임의 범위가 불분명한 경우 위임인과 대리인 모두 제3자에 대해 공동 책임과 별도의 책임을 져야 할 수도 있다. 중국 측 대행업체에 이러한 수준의 권한을 위임하기를 원하지 않는다면 그 대신 중국 업체를 특정 지역의 독점 또는 비독점 유통업체로 지정할 수 있다.

외국 기업이 유통 계약의 조항에 따라 중국 유통업체와 유통 업무를 추진하면서 원활한 협력을 도모하려면 계약의 협상과 체결 과정에서 다음과 같은 사안을 고려하는 것이 바람직하다.

1.1. 독점성

가장 중점적으로 고려해야 하는 사안은 중국 측 유통업체에 독점권을 부여할 것인가 여부다. 일반적으로는 외국 기업이 경쟁을 미연에 방지하기 위해 중국의 유통업체를 해당 지역의 독점 유통업체로 지정한다. 그러나 독점 유통업체를 지정하면 동일한 지역에서 다른 유통 채널을 뚫을 수 없으므로 상당한 주의를 요한다. 중국의 유통업체가 제품을 판매하고 유통하는 데 최선을 다하게 만들려면 막연히 계약 조항에 의존하는 것보다는 조건부 계약을 맺어 독점권을 부여하는 편이 효율적이다. 예를 들어 중국 기업이 사전에 합의된 매출 목표치를 계속해서 달성하거나 초과하지 못하는 경우 외국 기업이 유통 계약을 해지하거나 계약은 유지하되 비독점적인 유통 계약으로 전환하는 것이다. 그렇게 하면 해당 지역 내 다른 기업을 유통업체로 지정할 수 있다.

1.2. 유통업체의 의무

일반적으로 유통업체가 져야 하는 의무에는 시장 개발, 광고, 마케팅 등의 조항이 포함된다. 무엇보다 중국 유통업체가 타사의 경쟁 제품을 판매하지 않도록 만전을 기해야 한다. 유통업체의 직원 교육에 관한 조항을 포함시키는 경우도 많다. 이때 교육 일정과 교육 비용의 배정 등에 대해 업체 측과 사전에 합의해야 한다. 또한 유통업체는 외국 기업이 제공하거나 승인한 광고 홍보 자료를 사용해야 할 의무가 있다.

1.3. 지적 재산의 소유권

유통 계약에는 그 유형이 무엇이든 지적 재산권과 특정 브랜드명을 이용한 마케팅에 관한 조항이 들어가야 한다. 외국 기업이 중국에서 소유권을 보호하느라 골치를 앓는다는 것은 이미 잘 알려진 사실이다. 따라서 소유권을 보호하기 위한 일반 조항을 유통 계약에 포함해서 문제를 미연에 방지해야 한다. 다시 말해 공급업체의 상표권과 유통업체의 편의를 위해 부여된 한정 사용권과 아무런 이해관계가 없음을 유통업체가 인정하는 조항과 유통업체가 해당 제품에 부착된 상표나 기타 표식에 대해 그 어떠한 형태로든 관여하는 것을 금지하는 조항을 포함시켜야 한다. 여기서 그치지 말고 지적 재산권의 보호에 관해 전문가로부터 법률 자문을 구하는 것이 안전하다. 일례로 중국의 관련법에 따라 지적 재산권을 등록하는 절차에 대해 자문을 구할 수 있다. 지적 재산권의 보호에 관한 상세한 사항은 제8장에서 다루도록 한다.

1.4. 기밀 준수 조항

유통 계약에서 빠뜨려서는 안 될 사항이 또 한 가지 있다. 계약 당사자 간에 사업 관계를 유지하는 동안 상대방에 공개된 정보 전반에 관해 기밀을 준수하도록 하는 조항을 반드시 포함시켜야 한다.

물론 이러한 기밀 준수 의무에서 제외되는 정보도 있다. 이미 널리 공개된 정보나 법원의 명령에 따라 공개할 의무가 있는 정보 등이 그렇다. 만약 상대측에 기밀 정보를 제공해야 하는 경우, 그러한 정보가 있어야 관련 업무를 수행할 수 있는 임직원에게만 정보를 공개하도록 하자.

1.5. 계약 기간

중국 측 업체와 유통 계약을 체결할 때는 계약 기간에 대해서도 계약 당사자 간에 합의해야 한다. 한시적인 계약을 체결하거나 미리 합의된 기한을 두고 사전에 통보함으로써 종료하는 것을 조건으로 무기한 계약을 체결할 수도 있다. 독점 유통 계약의 경우, 한시 계약을 체결하는 것은 외국 기업에 유리하지 않을 수도 있다. 꼭 한시 계약을 체결해야 하는 경우, 유통업체 측이 계약을 위반하면 계약 기간이 종료되기 전에 외국 기업이 계약 관계를 해지할 수 있도록 하자.

1.6. 계약 해지

계약 당사자가 계약 기간의 종료 이전에 유통 계약을 해지할 수 있는 상황과 계약 해지에 따른 처리 업무를 계약서에 명시해야 한다. 일반적으로 계약 당사자 쌍방이 대금을 정산할 권리, 외국 기업이 제품 선적을 취소할 권리, 유통업체가 광고나 홍보물을 반환하거나 폐기하며 해당 외국 기업의 제품 유통업체로서 홍보를 중단해야 하는 의무 조항 등이 포함된다. 단, 재고의 경우 외국 기업이 제품의 재고를 다시 매입하는 데 동의하지 않는 한 유통업체가 그 재고를 판매할 수 있도록 허용하는 일이 일반적이다.

1.7. 준거법

중화인민공화국 민법에 따라 외국과 관련된 계약의 당사자는 중국 법률에 관련법이 없는 경우 준거법을 선택할 수 있는 권한이 있다. 이는 중화인민공화국 최고 인민 법원이 2007년 8월 8일에 발효시킨 〈최고인민법원 섭외 민사 또는 상사계약 분쟁 안건 심리 법률 적용에 대한 몇 가지 규정(Provisions of the Supreme People's Court on Certain Issues Concerning the Application of Law for the Hearing of Foreign-Related Civil or Commercial Contractual Disputes)〉에 한층 상세히 명시되어 있다.

외국 기업과 유통 계약을 체결함으로써 중국 업체는 중국 소비자에게 외국 기업의 제품을 판매하고 유통하는 권한과 의무를 부여받는다. 하지만 그렇다고 해서 유통 계약이 반드시 중국 법의 적용을 받아야 하는 것은 아니다. 계약 당사자는 해외 관할 법원의 법률을 준거법으로 선택할 수 있다. 중국과 달리 연관이 없는 외국 기업은 기존 관할법원의 법률을 준거법으로 택할 가능성이 크다. 이 경우, 중국 업체가 계약의 준거법에 합의하지 않은 상태에서 분쟁이 일어나면 법원에 의해 중국 법이 적용되는 것이 일반적이다.

1.8. 규제 당국의 승인

외국 기업의 경우 준거법에 상관없이 해당되는 중국 당국으로부터 승인을 얻어야 중국에서 제품을 광고하고 유통할 수 있는 사례도 종종 있다. 필요한 인허가와 관련 신청 절차는 취급하는 제품에 따라 다르므로 유통 계약에서 이러한 사안을 반드시 언급하도록 한다.

또한 승인[1]받기 위한 신청서를 제출하는 당사자를 중국 유통업체로 할 것인지, 외국 공급업체로 할 것인지 결정하기 전에 사전에 적절한 법률 자문을 구해야 한다.

2. 대행 계약

공급업체와 유통업체 간 계약과 달리 중국 법이 적용되는 대행 계약은 위임인과 대리인 사이에 구체적인 법률관계를 형성한다. 이러한 계약 관계는 1999년 3월 15일 발효된 중화인민공화국 계약법 제21장에 명시되어 있다.

외국 기업이 현지 중국 기업을 대행업체로 지정하는 목적은 자사의 제품을 중국에서 판매하고 유통하기 위함이다. 외국 기업과 현지 중국 기업 간에 이미 긴밀한 사업 관계가 형성되어 있으며 계약 당사자 쌍방 간에 어느 정도 양해가 이루어진 경우에는 대행 계약을 체결하는 편이 바람직하다. 예를 들어 대행 계약에 따라 위임인은 대행업체에 지시 사항을 전달할 수 있다. 이 경우 무엇보다 그러한 지시 사항을 가능한 한 명확하게 전달하는 것이 중요하다. 또한 대행업체에 위임된 권한과 의무의 범위에 관해 불분명한 점이 없어야 한다. 중화인민공화국 계약법 제21장은 대리인이 역할 가운데 일부를 제3자에 위임하거나 위탁하려 할 때 위임인의 동의를 구해야 함

---

1) 예를 들어 중국에 의약품을 수출하는 외국 기업은 새로 시행된 '약물 관리법(Drugs Administration Law)' 의 적용을 받는다. 수출을 위해서는 중국의 '국가 약물 감독 행정 총국(the State Drugs Supervision and Administration Bureau)' 로부터 '수입 약물 등록 확인서(Drug Registration Certificate)' 을 발급받아야 한다. 또한 광고를 할 때도 해당 당국으로부터 인허가를 받아야 한다. 이때 중국 현지 기업의 지원을 받아 절차를 추진해야 한다.

을 명시하고 있다. 이러한 의무 조항은 중국 법이 위임인과 대리인의 관계를 매우 긴밀하게 간주하고 있음을 똑똑히 입증한다.

독점권, 지적 재산권, 기밀 준수 의무, 기한, 해지, 준거법, 규제 인허가 등 유통 계약을 통해 발생하는 것과 유사한 사안 이외에도 계약 당사자 쌍방은 다음과 같은 주요 사안을 고려해야 한다.

2.1. 위임인의 의무

일반적으로 외국 업체가 부담하는 의무로는 중국 대행업체가 제품을 홍보하고 판매할 수 있도록 필요한 서면 자료와 기타 정보를 제공하는 것, 중국 대행업체가 제3자와 체결하는 계약서의 작성, 제품과 관련된 문의 사항을 처리하는 것 등이 있다.

2.2. 대행업체의 제약과 의무

전반적인 유통 의무를 부과하는 것 이외에도 대행업체가 외국 업체를 대리하여 판매 계약을 체결할 수 있도록 하는 편이 바람직하다. 단, 이때 몇 가지 단서 조항을 덧붙여야 한다. 예를 들어 외국 기업이 마련한 영업 방침에 따라 판매를 진행해야 한다거나 제품과 관련된 보증은 사전에 위임인의 동의를 구한 이후에 제공하도록 하는 조항을 단서로 제시한다. 그 이외에도 대행업체의 주요 의무로 제품의 판매 대금을 효율적으로 수금하는 것도 있다. 대행 계약을 체결하기 전에 별도로 대금 지급 보증 계약을 체결하는 것도 권장할 만하다.

2.3. 수수료

중국 현지 업체가 제품의 재판매를 통해 수익을 거두도록 하는 유통 계약과 달리 대행 계약에서는 대리인인 중국 업체가 위임인인 외국 기업으로부터 수수료를 받도록 되어 있다. 이러한 수수료의 액수는 대리인이 위임인을 대신하여 제3자에 제품을 판매하는 실적에 좌우된다. 상세한 수수료의 산정방식과 지급 일정을 대행 계약에 포함시켜야 향후 수수료 관련 분쟁이 일어나는 것을 미연에 방지할 수 있다. 계약을 체결하기 전에 수수료 산정할 때 총 매출(turnover)을 기준으로 할 것인지, 회수하지 못했거나 지급이 늦어진 제품 대금이 있을 경우 어떻게 할 것인지 등 몇 가지 사안에 각별한 주의를 기울여야 한다.

3. 프랜차이즈 계약

중국에서 소매 프랜차이즈 사업을 하려면 가맹 계약을 통해 등록된 상표권, 기업 표지, 특허, 노하우 등 경영 자원을 보유한 기업(프랜차이즈 사업자)이 다른 사업 운영자(프랜차이즈 계약자)에게 그러한 자원의 사용을 허가해야 한다. 프랜차이즈 계약자는 계약서에 명시된 대로 통일된 사업 모델에 따라 사업 활동을 벌이고 프랜차이즈 사업자에게 그 대가를 지급한다.

소매 프랜차이즈 사업은 '중화인민공화국 상업 특허경영 관리 조례(the PRC Regulation on Administration of Commercial Franchises)' 와 그 시행 세칙인 '상업 특허경영 등록 관리 방법(PRC Measures for the Filing of Commercial Franchises)' 과 '상업 특허경영 정보 공개 방법(PRC Measures for Information Disclosures of Commercial Franchises)' 의 규제를 받는다. 모두 2007년 5월 1일에 발효된 법규다.

3.1. 프랜차이즈 사업자의 요건과 프랜차이즈 계약의 내용

프랜차이즈 사업에 종사하려는 사업자는 제대로 된 사업 모델을 개발해야 하며 운영 지도, 기술 지원, 업무 교육 등의 제반 서비스를 프랜차이즈 계약자에게 제공할 수 있는 역량을 갖춰야 한다.

프랜차이즈 계약은 주무 당국에 제출해야 하며 다음과 같은 정보가 명시되어야 한다.

- 프랜차이즈 사업자와 계약자에 관한 기본 정보
- 프랜차이즈 사업의 내용과 기간
- 프랜차이즈 가맹금의 유형, 금액, 지급 방법
- 운영 지도, 기술 지원, 업무 교육 등 제반 서비스의 내용과 전달 방법
- 제품이나 서비스의 품질, 표준, 보증 조치
- 제품이나 서비스의 판촉, 광고, 홍보
- 소비자의 권익 보호와 소비자에 대한 배상 책임 의무
- 계약 위반에 대한 책임
- 분쟁 해소 방법
- 기타 프랜차이즈 사업자와 계약자가 명시하고자 하는 사안

3.2. 프랜차이즈 사업 등록 절차와 구비 서류

프랜차이즈 사업자는 첫 프랜차이즈 계약을 체결한 날로부터 15일 이내에 주무 당국에 등기 신청을 해야 한다. 계약서 등기에 필요한 서류는 다음과 같다.

- 가맹 사업자의 영업 허가증이나 법인 등기필증 사본

- 프랜차이즈 계약서 표본
- 프랜차이즈 운영 매뉴얼
- 판촉 계획서
- 프랜차이즈 사업자가 법이 명시하는 요건에 부합한다는 점을 입증하는 서면 진술서와 관련 자료
- 주무 당국이 요구하는 기타 서류와 자료

중국 법에 따라 별도의 인허가를 받아야 하는 제품과 서비스를 취급하는 프랜차이즈 사업자는 인허가에 필요한 서류도 당국에 제출해야 한다.

'상업 특허경영 조례'가 새로이 제정되면서 중국에서 프랜차이즈를 설립하기가 과거에 비해 용이해졌다. 또한 프랜차이즈 활동에 종사하는 데 필요한 법적 요건도 완화되었다. 이전의 법규와 비교해 보면 다음과 같은 변화가 눈에 띈다.

- 프랜차이즈를 설립하기 전에 1년 이상 중국 내에서 2개 이상의 직영 매장을 운영해야 하던 요건이 철폐되었다. 새로 제정된 법규에 따르면 1년 이상 2개 이상의 직영 매장을 운영하는 사업자로 프랜차이즈 사업자를 제한하고 있으나 운영 지역을 중국에 국한하던 요건이 사라졌다.
- 과거에는 프랜차이즈 사업을 시작하기 전에 영업 허가증을 받아야 했다. 하지만 개정된 법에 따르면 프랜차이즈 사업 등기로 이를 대신하면 된다.

3.3. 프랜차이즈 계약서의 조항

3.3.1. 프랜차이즈 권리의 양도

프랜차이즈 계약자에게 양도하는 권리의 범위는 유통업체나 대행업체의 경우와 다르다. 계약 당사자 간의 관계와 법적 지위를 계약서에 명시함으로써 프랜차이즈 사업자의 의무가 잘못 해석되는 일이 없도록 만전을 기해야 한다. 대체로 프랜차이즈 계약자에게 양도되는 권리는 특정 지역에 한정되는데 이는 당사자 간의 협의에 따라 변경이 가능하다. 프랜차이즈 계약을 협상할 때 독점권 문제 역시 감안해야 한다.

그 이외에도 주의할 점이 있다. 프랜차이즈 계약자는 프랜차이즈 사업자의 승인 없이는 프랜차이즈 사업의 권리를 제3자에게 양도할 수 없다.

3.3.2. 프랜차이즈 사업자의 권리와 의무

프랜차이즈 사업자의 의무로는 소매 매장의 위치에 관한 자문과 조언, 매장 설립과 제품 공급에 대한 지원 등이 포함된다. 그 이외에도 프랜차이즈 계약자의 직원에 대한 교육에 관련된 조항 등이 포함되기도 한다.

3.3.3. 프랜차이즈 계약자의 권리와 의무

프랜차이즈 계약자의 권리와 의무는 프랜차이즈 계약서에서 상세하게 명시하도록 한다. 특히 중국의 관련 법규를 준수하고 프랜차이즈 사업자의 지시와 제안을 따르며 협의된 방식에 따라 매장을 운영하고 재무 자료 및 기타 자료를 작성, 보관해야 함을 조항으로 명시해야 한다.

3.3.4. 프랜차이즈 가맹금

일반적으로 첫 프랜차이즈 가맹금은 프랜차이즈 계약이 만료되는 즉시 프랜차이즈 사업자에게 지급되어야 한다. 그러나 프랜차이즈 사업자는 관행에 따라 로열티, 광고료, 기타 서비스 수수료 등의 다른 비용을 청구하는 경우도 있다. 그러한 대금은 사전에 액수를 정하기도 하며 총 매출의 일정 비율로 지급되기도 한다. 후자의 경우, 프랜차이즈 계약자의 총 매출을 감독할 수 있는 방법을 사전에 마련하는 것이 유리하다.

프랜차이즈 계약이 체결되기 전에 사업자가 계약자에게 가맹금이나 기타 대금 지급을 요구하려면 그러한 대금의 용도 및 대금의 반환 조건과 방식을 서면으로 작성하여 가맹 계약자에게 전달해야 한다.

3.4. 재고의 공급과 관리

프랜차이즈 계약서에는 종합적인 재고 목록과 가격표가 첨부되는 경우가 많다. 또한 프랜차이즈 계약자가 소매 매장에서 재판매할 제품의 공급에 관해 상세히 명시해야 한다. 그러한 제품을 프랜차이즈 사업자가 직접 공급할지, 다른 공급업체를 통해 공급할지에 관해서도 사전에 협의해야 한다. 또한 가격을 협의하기 위한 적절한 방법도 사전에 결정하도록 한다. 그 이외에도 재판매 가격, 판매가 불가능하거나 결함이 있어 판매할 수 없는 제품의 처리, 최소 재고 수량 등의 사안도 고려해야 한다.

3.5. 상표권 문제

유통 계약이나 대행 계약과 마찬가지로 프랜차이즈 계약서에도 프랜차이즈 사업자가 소유한 상표 사용을 허가하는 조항과 프랜차이즈 계약자가 상표에 대한 그 어떠한 소유권이 없음을 명시하는 조항을 넣어야 한다. 계약 당사자 간에 별도로 상표권 계약을 체결하거나 프랜차이즈 계약에 상표권 계약을 부록으로 첨부하고 그에 상응하는 로열티를 청구할 수 있다. 중국에서 상표권을 등록하는 것도 프랜차이즈 사업자가 반드시 명심해야 할 사항이다.

3.6. 계약 기간과 해지

'상업 특허경영 조례'에 따르면 프랜차이즈 계약의 기간은 최저 3년으로 한다. 단, 프랜차이즈 계약자가 동의하는 경우는 예외다. 또한 당사자 간에 계약을 연장하는 경우에는 이 규정을 적용하지 않는다. 프랜차이즈 계약자가 계약을 위반할 경우 계약 기간이 만료되기 전에 해지하는 것이 보통이다. 해지 당시 프랜차이즈 계약자가 소지한 로고, 표장, 상표 등 프랜차이즈 사업자의 특징을 나타내는 요소와 제품 재고 등의 처리나 폐기 등에 관한 내용도 계약서에 상세하게 명시해야 한다.

4. 공급 계약

해외 업체로부터 제품이나 서비스를 구매하는 외국 기업은 대부분 공급 계약을 체결한다. 이는 제조업체가 외국의 구매자에게 대가를 받고 계약 대상에 대한 소유권을 양도하는 계약이다.

공급 계약은 중화인민공화국 계약법에서 가장 중요하게 다루는 계약 가운데 하나다. 단, 계약법은 유형재(tangible goods) 전반의 판매만을 다루며 지적 재산권, 부동산, 전력, 기타 무형재(intangible goods), 디지털화된 가상 재화 등의 양도, 구매, 판매, 공급을 다루는 법안은 현재 준비 중이다. 이러한 법안이 다루지 않는 사안은 계약법의 해당 조항에서 다룬다.

일반적으로 공급 계약법은 계약 자유의 원칙, 신의 성실의 원칙, 사정 변경의 원칙을 근간으로 한다. 이러한 원칙 가운데 가장 중요한 것이 계약 자유의 원칙이다. 계약 당사자 쌍방이 법이 허용하는 한 자유로이 가. 상대방을 선택하고 나. 각자의 권리와 의무를 결정짓고 다. 기존 공급 계약의 내용을 수정하거나 계약을 해지할 수 있는 것도 이러한 원칙 덕택이다. 그럼에도 계약 당사자가 협상에서 차지하는 위치에 따라 어느 한쪽에 더 유리한 조항이 채택되기도 한다. 일반적으로 공급 계약에서는 구매자가 공급자에 비해 우위를 차지한다.

공급 계약 당사자는 각자의 권리와 의무를 결정할 자유가 있지만 중화인민공화국 계약법에서는 공급자와 구매자의 기본 의무를 다음과 같이 명시하고 있다.

4.1. 공급자의 의무

공급 계약에 따라 공급자는 다음과 같은 의무를 부담한다.

- 시간, 장소, 수단을 명시한 계약 조항에 따라 제품을 전달한다.
- 시간, 장소, 수단을 명시한 계약 조항에 따라 계약 대상인 제품에 관한 서류와 정보를 전달한다.
- 계약 대상인 제품의 품질을 보장한다.
- 계약 대상인 제품과 관련된 권리를 보장한다.

4.2. 구매자의 의무

공급 계약에서 구매자의 의무는 다음과 같다.

- 시간, 장소, 수단을 명시한 계약 조항에 따라 대금을 지급한다.
- 시간, 장소, 수단을 명시한 계약 조항에 따라 제품을 수령한다.

5. 가공 계약

중국에서 제품을 가공하려는 외국 기업은 중국의 제조업체와 가공 계약을 체결하면 된다. 가공 계약을 체결할 때는 위에서 언급한 일반적인 고려 사항 이외에도 다음과 같은 조항을 포함시킬 수 있다.

5.1. 사용권의 양도

일반적으로 제품 가공 시 특정 기술 사양을 준수해야 한다. 그런데 이러한 기술 사양이 외국 기업에서 기밀로 보호하는 노하우일 경우도 있다. 이러한 경우, 외국 기업은 제품 가공과 공급에 필요한 노하우를 사용할 수 있도록 제조업체에 비독점적 사용권을 양도할 수 있다.

제품에 외국 기업의 상표를 부착해야 하는 경우에는 제조업체가 제품을 가공하기 위해 외국의 상표권 소유자로부터 상표권을 사용하도록 허가 받았다는 사실을 입증할 수 있어야 한다. 또 외국의 상표권 소유자는 위임장을 작성하여 공상 행정 관리국이 공장을 점검하러 방문할 경우 중국 제조업체의 상표 사용이 합법적이라는 사실을 입증하는 데 도움을 줘야 한다.

5.2. 지적 재산

제조업체가 사용하는 기술 사양에 대한 지적 재산권과 제품에 부착되는 브랜드명을 항시 소유하는 당사자는 외국 기업이며 제조업체는 외국 기업의 제품을 가공하기 위해 계약 조항에 따라 그러한 지적 재산권과 브랜드명을 사용할 수 있는 권한을 허가받았을 뿐임을 확실히 명시하는 조항도 가공 계약서에 반드시 포함하도록 한다. 또한 자사가 소유한 상표권을 가능한 한 빠른 시일 내에 중국 당국에 등록하는 것도 고려해야 한다.

5.3. 제품의 가공

중국 제조업체는 외국 기업이 제공하는 사양에 따라 제품을 가공하고 포장하며 그와 관련하여 필요한 제조 설비, 장비, 인력을 동원하는 데 동의해야 한다. 그 이외에도 외국 기업이 가공을 위탁한 제품에 대한 정보를 정확히 기록하고 관련법을 준수해야 한다.

5.4. 제품 발주와 수요 예측

가공 계약을 통해 설정되는 것은 계약 당사자 간 법적 관계에 불과하다. 따라서 가공을 위탁할 때마다 상세한 주문서를 전달하도록 한다. 가공 계약을 체결했다고 해서 주문을 계속 발주해야 한다거나 상대방이 이를 계속해서 받아들일 거라는 오해가 생길 수도 있으니 이를 방지하기 위해 발주와 수요 예측에 필요한 표준 규정을 마련하는 것이 좋다.

5.5. 품질 관리

품질 관리는 국제 가공 무역에서 가장 중요한 사안 가운데 하나다. 따라서 가공 계약서에 외국 기업은 중국 제조업체에서 가공하는 제품의 품질을 추적 관찰할 권한이 있음을 명시하는 조항을 넣도록 한다. 무엇보다 외국 기업은 기준에 미달하는 제품을 거부할 권한이 있다. 또한 결함이 있는 제품에 대한 배상이나 수선과 관련한 쟁점을 해결하기 위해 법률 자문을 구할 수 있는 권한이 있음을 계약서에 명시해야 한다.

5.6. 가격 책정과 지급

외국 기업이 지급해야 하는 대금을 명시하는 별도의 가격표가 작성되기도 한다. 지급 조건과 기한은 사전에 합의해야 한다.

세금이나 관세 부담에 대한 문제도 사전에 처리되어야 한다. 아무래도 중국의 세금과 관세에 정통한 것은 중국 제조업체일 것이다. 따라서 제품 인도 이전에 부과되는 세금이나 관세는 제조업체가 부담해야 한다.

5.7. 제품 인도와 품질 검사

제품 인도일은 계약과 별도로 개별 주문마다 결정되는 경우가 보통이나 가공 계약에 인도 기한이나 제조업체의 인도 지연에 따른 위약금 등을 명시하는 기본 규정을 포함할 수도 있다. 외국 기업은 제품 인도 이후 합리적이라 판단되는 기간 내에 제품 검사를 시행해야 한다. 제품을 수령한 후 일정 기간 내에 중국 제조업체에 제품의 품질에 대해 이의를 제기하지 않을 경우 그 이후에는 이의 제기가 어려워진다.

5.8. 위험의 양도와 보험

　가공 계약서에는 가공된 제품으로 말미암아 발생할 수 있는 위험이 제조업체로부터 외국 기업에 이양되는 상황을 구체적으로 명시해야 한다. 그래야만 계약 당사자 쌍방이 그러한 위험에 대비하는 보험에 가입할 수 있다. 미인도 제품에 대한 보험의 가입 의무는 제조업체가 부담하는 것이 일반적이다.

5.9. 계약 상대방에 대한 금지 조항

　가공 계약에는 계약 상대방인 중국 제조업체가 경쟁 업체의 유사한 제품을 가공하고 공급하는 것을 금지하는 조항을 넣어야 자사의 이익을 보호하는 데 도움이 된다.

5장

투자 기구 /
Investment Vehicles /

중국에서 활동하는 외국인 투자자들이 주로 설립하는 투자 기구는 다음과 같다.

- 대표 사무소
- 지점
- 중외 합자경영 기업(EJV)
- 중외 합작경영 기업(CJV)
- 외상 독자 기업(WFOE)
- 외상 투자 지분 유한 공사(Foreign Invested Company Limited by Shares, 이하 FICLS)

1. 대표 사무소와 지점

1.1. 대표 사무소

일반적으로 외국인 투자자가 중국에 처음으로 설립하는 형태의 투자 기구는 대표 사무소다. 외국 기업이 대표 사무소를 설립하면 중국 시장 현황 파악에 유리하다. 또 중국의 공급업체나 구매업체와 한층 효율적으로 소통할 수 있으며 시장 조사를 시행하거나 중국 현지인으로 인력을 구성하여 중국 시장에 직접 진출하기 위한 만반의 태세를 갖출 수 있다.

대표 사무소를 설립하는 데 필요한 법적 요건과 절차는 상당히 간소하다. 무엇보다 자본 투자를 할 필요가 없다.

1.1.1. 대표 사무소의 법적 속성

중국 법에 따르면 대표 사무소는 독립적인 법인의 위치를 누리지 못한다. 또한 등록 자본금이 설정되어 있지 않으며 이사회를 구성할 수 없다. 대표 사무소는 법적으로 본사에 소속된 것으로 간주되므로 중국 내 대표 사무소의 활동에 대한 법적 책임은 모두 본사가 부담해야 한다.

1.1.2. 대표 사무소의 활동 범위

대표 사무소는 수익을 창출할 수 있는 직접 영업 행위에 종사할 수 없는 경우가 대부분이다. 일례로 제품을 제조, 유통, 구매할 수 없다. 그럼에도 대표 사무소는 중국에서 본사와 중국 현지 사업 파트너 간의 중개 역할, 시장 조사, 시장 정보 수집과 같은 활동을 수행하는 식으로 본사를 대리하고 지원할 수 있다. 또한 사무소 부지 매입이나 매각, 인력 회사를 통한 중국인 직원 채용 등과 같이 사무소 운영에 관계된 활동을 하는 것도 허용된다.

1.1.3. 수석 대표와 대표

대표 사무소에는 법적인 대표 역할을 수행할 사람(수석 대표)이 있어야 한다. 수석 대표는 대표 사무소를 대신하여 서명하거나 활동하는 데 필요한 모든 권한을 행사하는 사람이다.

수석 대표 이외에도 일정 부분 대표 사무소를 대신하여 권한을 행사할 수 있는 사람은 '대표'로 취급된다.

중국의 관련법에 따르면 수석 대표와 대표는 다음의 요건 중 한 가지 이상을 충족해야 한다.

가. 유효한 일반 여권을 소지한 외국 시민권자
나. 외국 영주권을 소지한 중국 시민권자
다. 유효한 서류에 따라 홍콩, 마카오, 타이완 거주가 허용된 자
라. 수석 대표나 대표가 외국 영주권을 소지하지 않은 중국인일 경우 수석 대표나 대표를 대신하여 필요한 신청 절차를 추진할 수 있는 권한을 인력 회사에 위임해야 한다.

수석 대표는 대표 사무소에서 최고위자이며 중국에서 본사의 활동을 수행할 책임이 있는 인물임을 기억해둘 필요가 있다. 수석 대표는 법률 또는 행정 절차를 추진하기 위해 중국 당국에 출두할 의무가 있는 사람이다. 또한 대표 사무소가 중국 법규를 위반하여 수사를 받을 때도 수석 대표가 당국에 출두해야 한다. 수석 대표는 대표 사무소에 법적 책임을 지울 수 있지만 일부 경우에는 수석 대표 개인이 법적 책임을 져야 할 수도 있다.

1.1.4. 대표 사무소의 등기

(금융, 선박, 보험, 기타 산업 등) 몇 가지 예외가 있지만 그 이외

산업 부문에 대해 외국인 투자자가 직접 대표 사무소를 설립하는 것이 허용된다. 이때는 사전 인허가를 받을 필요 없이 소재지 상무국에 등기만 하면 된다.

중국에서 대표 사무소를 등기하는 데 일반적으로 필요한 서류는 다음과 같다.

가. 본사의 이사회 회장, 대표이사 또는 총경리가 서명한 등기 신청서 : 본사 업무에 관한 간략한 설명, 본사 설립 취지, 대표 사무소[1]의 명칭, 수석 대표와 (해당되는 경우) 대표의 신원, 대표 사무소의 업무 범위, 대표 사무소의 등기 기간, 등기할 대표 사무소의 위치 등을 기재한다.

나. 외국 기업 대표 기구 설립 신청서

다. 본사의 소재지 주무 당국이 발급한 회사 설립 증명서

라. 본사 거래 은행이 발급한 신용 보증서나 기타 자금 신용 증빙 원본

마. 본사 이사회 회장, 대표 이사 또는 총경리가 서명한 수석[2] 대표 및 대표 임명서

바. 수석 대표와 대표의 이력서, 사진, 여권 사본

사. 사무실 임대차 계약서

아. 등기 당국이 요구하는 기타 서류

---

1) 중국 법에 의거하여 대표 사무소의 명칭은 '출신 국가 + 기업 명칭 + 도시명 + 대표 사무소'로 구성되어야 한다.

2) 서명자를 외국 기업이 지명한 수석 대표나 대표로 할 때는 본사 이사회 이사 2인 이상의 서명이 필요하다.

위에서 예외로 언급한 금융, 보험, 선박 부문의 외국 기업이 중국에 대표 사무소를 설립하려면 상무부로부터 승인을 받아야 한다. 또한 그러한 경우, 해당 외국 기업은 관련 법규에 명시된 신청 서류 일체를 제출해야 한다.

소재지의 상무국에 등기를 마친 즉시, 등기필증이 발급된다. 다른 투자 기구의 영업 허가증에 상응하는 등기필증이 발급되면 법인 인감 등록, 조직 기구 번호 증명서, 세무서 등록 및 외환 등록 신청, 은행 계좌 개설 등의 조치를 이행해야 설립 절차가 완료된다.

대표 사무소의 등기필증과 인감은 안전한 장소에 보관해야 한다. 외국 본사는 대표 사무소에 합리적인 수준의 권한을 행사할 수 있다. 예를 들어 합리적인 필요에 의해 대표나 대표 사무소를 관리하는 사람의 활동을 감독할 수 있다. 대표 사무소의 활동과 재무 상태에 관해 수석 대표로부터 정기적인 보고를 받도록 한다. 또한 수석 대표나 대표에 대한 본사의 정기 감사도 필요하다.

1.1.5. 대표 사무소의 등기 기간

중국 법에 따르면 대표 사무소의 등기 기간은 설립 장소에 따라 다르다. 어쨌든 대표 사무소의 등기 기간을 연장하려면 등기 기간이 만료되기 60일 이전에 당국에 신청해야 한다.

등기 기간을 연장하기 위해서는 다음과 같은 서류를 주무 당국에 제출해야 한다.

가. 본사의 이사회 회장, 대표 이사 또는 총경리가 서명한 연장 신청서

나. 기존 등기 기간 동안의 대표 사무소의 사업 보고서

다. 본사 거래 은행이 발급한 신용 보증서나 기타 자금 신용 증빙
　　원본
라. 본사의 소재지 주무 당국이 발급한 회사 설립 증명서
마. 기존에 발급된 대표 사무소의 등기필증 사본
바. 외국 기업 대표 기구 연장 신청서

또한 등기 연장이 승인된 날로부터 30일 이내에 공안 당국, 세무 당국, 세관, 은행 등과 몇 가지 형식상의 절차를 거쳐야 한다.

1.1.6. 대표 사무소 등기의 변경

대표 사무소의 등기 기간 동안 등기 정보를 수정하는 등 변경이 필요한 경우, 중국 법은 몇 가지 절차를 거치도록 명시하고 있다.

중국 법에 따르면 다음과 같은 경우에 등기를 변경해야 한다.

가. 대표 사무소의 명칭 변경
나. 수석 대표나 대표의 교체 또는 충원
다. 업무 범위의 변화
라. 등기 기간의 변경
마. 등기소의 변경

대표 사무소의 등기 변경을 신청하려면 다음과 같은 서류를 주무 당국에 제출해야 한다.

가. 본사의 이사회 회장, 대표 이사 또는 총경리가 서명한 변경 신청 서(변경에 관해 주무 당국이 요구하는 정보를 기재해야 한다.)

나. 외국 기업 대표 기구 변경 신청서

1.1.7. 대표 사무소의 등기 말소

대표 사무소의 본사에서 대표 사무소의 등기를 말소하고자 하는 경우도 있다. 대표 사무소의 등기 기간이 만료되는 당일이나 그 이전에 등기를 말소하는 것이 가능하다. 첫 번째 경우, 만료일로부터 최소 30일 이전에 말소 신청서를 제출해야 한다.

대표 사무소의 등기를 말소하려면 본사의 이사회 회장, 대표 이사 또는 총경리가 서명한 말소 신청서를 주무 당국에 제출해야 한다.

그 이외에도 미상환 채무를 모두 변제하고 미납 세금을 완납해야 한다. 또한 세무 당국 및 세관에서 발급받은 등록증 등을 취소하는 등 처리를 마쳐야 한다.

1.1.8. 연차 보고서

대표 사무소는 소재지의 등기 당국에 연차 보고서[3]를 제출해야 한다. 연차 보고서에는 대표 사무소의 지난해 동안 활동, 직원에 관한 기본 사항, 거래하는 중국의 조직에 대한 기본 사항 등을 간략히 기재하도록 한다.

2003년 국가 세무 총국이 발표한 '외국 기업 대표 기구에 대한 과세 관리 문제에 관한 회람문(the Circular on Issues Concerning Administration of Taxation on Resident Representative Offices of Foreign Enterprises)' 에 따르면 대표 사무소는 반드시 연차 보고서

---

3) 해당 보고서의 포맷과 내용은 소재지 등기 당국에 따라 다르다. 필요한 서류를 확실하게 파악하려면 당국에 문의하는 것이 안전하다.

를 제출할 의무가 있으며 이를 준수하지 않을 경우 등기 상황에 불리한 결과를 초래할 수 있다.

1.2. 지사

중화인민공화국 회사법에 따르면 외국 기업은 중국에 지사를 설립하여 사업 활동을 수행할 수 있다. 그러나 지사 설립이 허용된 산업 부문은 일부에 불과하며 주무 당국의 인허가를 받은 이후에 등기할 수 있다. 이는 중국에서 자유로이 지사를 설립할 수 있는 외국 기업이 한정되어 있음을 의미한다.

1.2.1. 지사 설립이 허용된 산업

국가 공상 행정 관리총국이 1992년 8월 15일에 공포한 '중국 내 생산 및 영업에 종사하는 외국 기업의 등기에 관한 관리 방법' 과 기타 관련 법규에 따르면 외국 기업은 중국에서 다음과 같은 사업 활동을 추진할 수 있다.

· 석유와 광물 자원의 육상 또는 해저 탐사 및 채굴
· 토목 사업 시공이나 송유관 등 장비 설치 등과 같은 기술 사업을 추진하는 도급업체 활동
· FIE 운영 및 관리를 수행하는 도급업체 활동
· 외국 은행[4]의 지점

---

4) 2006년 12월 11일 발효된 '중화인민공화국 외자 은행 관리 조례(PRC Administration of Foreign-funded Banks Regulations)' 와 그 시행 세칙을 의미한다.

· 외국 보험사[5]의 지사

· 국가가 허용하는 기타 생산 또는 사업 활동

외국 은행의 지점과 외국 보험사의 지사 이외에는 앞서 언급한 활동을 담당하는 지사의 설립에 관한 법규가 존재하지 않는다. 실제로 WTO와의 약정에 따라 금융 보험 부문의 지사 설립에 대한 승인을 받는 것이 가장 용이하다. 현재 중국에 설립된 지사의 대다수가 외국의 은행이나 보험사에 의한 것이다.

이처럼 설립이 용이하긴 하지만 외국 은행이나 보험사가 지사를 설립하려면 우선 중국 은행 감독 위원회, 중국 보험 감독 위원회 등 주무 당국의 승인을 받고 등기하는 절차를 거쳐야 한다.

1.2.2. 지사의 경영 범위

지사는 수익을 창출하는 영업 활동에 종사할 수 있다는 점에서 대표 사무소와 확연히 구분된다.

지사의 업무 범위는 무엇보다 본사가 종사하는 산업에 따른다. 예를 들어 외국의 보험사는 보험 영업 활동을 하는 지사만 설립할 수 있다.

지사의 구체적인 업무 범위는 해당 산업에 관한 중국 법규에 따라 결정된다. 일례로 '중화인민공화국 외자 은행 관리 조례'와 '중

---

5) 2002년 2월 1일 발효된 '중화인민공화국 외자 보험사 관리 조례(PRC Administration of Foreign-funded Insurance Company Regulations)'와 2004년 6월 15일 발효된 그 시행 세칙과 2006년 12월 11일 중화인민공화국 보험 감독 관리 위원회가 공포한 '외국 투자 중개 기업의 외국인 독자 보험 중개 회사 설립을 허용하는 회람(Circular on Permitting Foreign Insurance Broker Companies to Establish Wholly Foreign-owned Insurance Broker Companies)'을 의미한다.

화인민공화국 외자 보험사 관리 조례'는 외국 은행이나 보험사의 지사가 종사할 수 있는 단일하거나 복합적인 사업 활동을 구체적인 조항으로 명시하고 있다.

1.2.3. 지사의 책임

중국 법에 따라 지사는 독립적인 법인이 아니므로 지사의 활동에서 비롯되는 민사상의 책임과 채무는 궁극적으로 본사가 부담한다.

본사는 중국의 지사에서 수행하는 사업 활동에 관해 법규가 명시하는 최저 금액 이상의 자금을 배정해야 한다. 지사의 활동에 따른 민사상 책임이나 채무는 우선 지사에 배정된 자금으로 변제하고 차액이 있을 경우 이는 본사가 부담하도록 한다.

1.2.4. 지사의 설립

중국에 지사를 설립하기 위한 요건과 절차는 산업에 따라 다르다. 앞서 언급한 바와 같이 외국 은행이나 보험사의 지사 설립에는 외자 은행과 보험사에 관한 특별 조례와 시행 규칙이 적용된다.

외자 은행의 지사를 설립하려면 먼저 중국 은행 감독 위원회의 승인을 받은 다음 소재지의 상무 주관 기관으로부터 승인을 받아 등기를 진행하도록 한다. 외자 보험사의 지사를 설립하려면 중국 보험 감독 위원회의 승인을 받은 다음 소재지의 상무 주관 기관으로부터 승인을 받아 등기를 진행해야 한다.

기타 산업에 종사하는 회사의 지사 등기에는 '중국 내 생산 및 영업에 종사하는 외국 기업의 등기에 관한 관리 방법'이 적용된다. 일반적으로 지사 설립은 두 가지 단계로 나뉜다. 먼저 주무 감독 당국의 승인을 받은 다음 소재지의 상무 주관 기관에 등기하는 과정을 거쳐야 한다. 소재지의 상무 주관 기관에 등기를 마친 지사는 영업 허가증을 받을 수 있다.

2. 외상 투자 기업

중국 법에 따라 FIE는 독립적인 법인의 지위를 부여받는다. 그뿐만 아니라 FIE는 (본사를 통하지 않고는 사업 활동을 수행할 수 없으며 책임이나 채무를 지지 않는 대표 사무소와 달리) 중국에서 직접적인 사업 활동을 수행할 수 있는 법적 권한이 있다. 이러한 이유로 중국에서 제조업, 무역업, 소매업, 운송업 등 사업 활동을 추진하고자 하는 외국인 투자자는 대개 FIE를 설립한다.

중국에 투자하려는 외국인 투자자가 처음 내려야 하는 결정은 바로 어떤 형태의 투자 기구를 선택할 것이냐다. 독립적인 법인 지위를 누릴 수 있는 투자 기구 가운데 가장 일반적인 형태가 바로 WFOE, EJV, CJV다.

- WFOE는 외국인 투자자가 전체 지분을 보유한 기업이다.
- EJV는 외국인 투자자와 중국인 투자자가 합동으로 설립한 유한 책임 회사다. 수익과 위험은 회사 자본 출자 비율에 따라 배분된다.
- CJV는 외국인 투자자와 중국인 투자자가 설립한 합작 투자 회사(joint venture)다. 투자자의 권리와 의무가 합작 투자 계약(the joint venture agreement)에 따라 결정된다는 점이 EJV와

의 차이점이다.

2.1. 유한 책임 회사

WFOE와 CJV는 대개 유한 책임 회사의 형태를 띠고 EJV는 모두 유한 책임 회사다. ‘중화인민공화국 회사법’은 유한 책임 회사를 주주의 책임이 각자의 자본 출자 비율에 따라 결정되는 회사로 정의한다. 이때 총 자산에 대한 채무의 변제 책임은 회사에 있다.

2.2. 주주의 요건

중국 국적을 지닌 사람은 외국인 투자자와 CJV나 EJV를 설립할 수 없다. 그러나 해당 회사의 주주로 참여하는 것은 허용된다. 이러한 제한은 중국 기업과 외국인 투자자 간의 인수 합병 거래에는 적용되지 않는다. 인수 합병의 대상이 되는 회사의 주주 가운데 중국인이 1인 이상 존재할 경우 국가 공상 행정 관리 총국의 승인을 받아 이 사람을 인수 합병 이후 설립되는 EJV나 CJV의 주주로서 존속시킬 수 있다.

중국 법에는 개인이든 법인이든 외국인 투자자를 제한하는 내용이 명시되어 있지 않다.

2.3. 외상 투자 기업의 경영 범위

FIE는 해당 경영 범위를 벗어나지 않는 선에서 독자적인 영업 활동을 추진할 수 있다.

경영 범위는 FIE가 종사할 수 있는 사업 분야를 말한다. 외국인 투자자가 사업 분야 전반을 취급하겠다고 신청서를 제출하거나 그에 대해 인허가를 받는 것은 거의 불가능하다. 중국 법에 따르면

FIE는 제품 제조, 제품 무역, 금융 서비스 제공 등과 같이 자사가 종사하고자 하는 분야를 상세하고 구체적으로 명시해야 한다. 이처럼 상세하게 명시해야 해당 기업이 종사할 분야를 당국에서 파악할 수 있으며 앞서 3.4항에서 언급한 『외국인 투자 산업 지침서』에서 해당 기업이 어느 범주에 드는지 파악할 수 있다.

일반적으로 제조업에 종사하는 FIE의 경영 범위는 '(제품명)의 연구, 설계, 제조', '(제품명)의 판매'나 '사후 서비스의 제공' 등으로 설명할 수 있다. 유통업체라면 '(제품명)의 유통', '(제품명)의 수입과 수출', '사후 서비스와 자문 서비스의 제공' 등으로 경영 범위를 나타낼 수 있다.

FIE가 제출한 경영 범위를 검토하고 인허가하는 기관은 해당 산업 부문을 관장하는 인허가 기관과 소재지의 공상 행정 관리국이다. 이러한 기관이 해당 지역의 기존 관행에 따라 FIE가 제출한 경영 범위를 수정하도록 요구하는 경우도 있다. 따라서 정식으로 제출하기 전에 해당 경영 범위에 대해 주무 당국과 의논해야 인허가 절차가 지연되는 것을 방지할 수 있다.

경영 범위는 FIE의 부속 정관과 기타 회사 설립에 관한 문서에 명시해야 한다(FIE 설립에 필요한 문서에 관해서는 5.2.15항을 참조하라). 또한 소재지의 공상 행정 관리국이 발급하는 영업 허가증에도 경영 범위가 기재된다.

2.4. 외상 투자 기업의 명칭

FIE는 주무 당국에 자사의 공식 명칭을 등록해야 한다. 이렇게 등록된 회사명은 영업 허가증에 기재된다.

중국 법에 따르면 FIE의 명칭은 '도시명', '업종명', '산업명',

'기업 형태'[6]를 포함해야 한다.

중국 법에서는 FIE가 WFOE이며 외국인 투자자의 산업명이 WFOE의 산업명으로 사용될 경우, '산업명'과 기업 설립 형태[7] 사이에 '도시 명칭'을 넣을 수 있다.

또한 중국에서는 중국식 명칭으로만 등록이 가능하다. 영어로 된 회사명은 등록이 불가능하지만 평상시에 사용하는 것은 가능하다. 단 지역에 따라 영어로 된 회사명을 주무 당국이 발급하는 '외상 투자 기업 허가증서'에 기재할 수 있는 경우도 있다.(구체적인 FIE 설립 절차에 관해서는 5.2.15항을 참조하라.)

회사명을 등록하려는 외국인 투자자는 사전에 관할 공상 행정 관리국에 회사명을 예비 등록해야 한다. FIE 설립 절차에서 회사명의 예비 등록은 1단계다. 이때 관할 공상 행정 관리국이란 통상 FIE가 있는 소재지의 공상 행정 관리국을 의미한다. 단, FIE의 회사명에 '중국'이나 '전국'과 같이 전국적인 활동을 연상시키는 단어가 포함될 경우, 소재지의 공상 행정 관리국이 아닌 베이징의 국가 공상 행정 관리 총국에 해당 회사명을 예비 등록해야 한다.

2.5. 투자 총액과 등록 자본금

중국 법에 따르면 외국인 투자자는 투자 총액과 설립하고자 하는 FIE의 등록 자본금을 회사 설립에 필요한 문서에 기재해야 한다. 투자 총액은 FIE 운영에 필요한 자금의 합계를 의미하며 이는 등록

---

6) 예를 들어 베이징에서 방적 기계 제조업에 종사하는 FIE의 명칭은 '베이징 XXX 방적 기계 주식 유한 공사'다. 이 회사가 활동하는 지역이 베이징이며 XXX는 본사의 산업 명칭, '방적 기계'는 주요 생산 품목이며 '주식 유한 공사'는 설립 형태를 의미한다.
7) 이러한 경우, 'XXX 방적 기계 (베이징) 주식 유한 공사'로 명칭을 정해야 한다.

투자 총액(미 달러화)	등록 자본금의 %
300만 달러 이하	투자 총액의 70% 이상
300만~1,000만 달러 이하	투자 총액의 50% 이상
1,000만~3,000만 달러 이하	투자 총액의 40% 이상
3,000만 달러 초과	투자 총액의 34% 이상

[표 5.1] 투자 총액 대비 등록 자본금의 비율 (%)

자본금과 차입금으로 나뉜다.

등록 자본금은 외국인 투자자가 FIE에 납입한 자본금이며 앞서 언급했듯이 제3자에 대한 FIE 주주가 부담하는 민사상 책임과 채무의 한도를 나타낸다. 등록 자본금은 관련 인허가 기관의 승인 없이는 감자할 수 없다.

차입금은 투자 총액과 등록 자본금의 총액이며, 대출로 충당되는 것이 보통이다. 투자 총액과 등록 자본금의 총액은 FIE가 받을 수 있는 해외에서 대출할 수 있는 금액의 한도를 나타내기도 한다. 따라서 해외에서 대출을 받으려면 대출금이 투자 총액과 등록 자본금의 차액을 넘지 않도록 주의해야 한다. 차액은 임의로 정할 수 없다. 등록 자본금은 투자 총액의 일정 비율을 충족하거나 초과해야 한다. 표 5.1[8]은 그러한 최소 비율을 투자 총액별로 보여준다.

물론 등록 자본금이 최소 금액일 경우, 투자 총액이 더 적은 경우보다 등록 자본금이 더 적을 수도 있다.[9]

지주 회사의 경우, 부채 대비 자기 자본 비율(debt equity ratio)을

---

8) 국가 행정 관리 총국이 1987년에 중외 합자 기업과 독자 기업을 대상으로 공포한 '중외 합자 투자 경영의 등록 자본금과 투자 총액 비율에 관한 잠정 조항(Tentative Provisions on the Proportion of Registered Capital and Total Investment of Sino-Foreign Equity Joint Ventures)' 에 따른다.

9) 예를 들어 투자 총액이 500만 달러면 등록 자본금이 250만 달러 이상이어야 한다. 투자 총액이 400만 달러일 경우, 등록 자본금은 해당 공식으로 산정한 200만 달러가 아니라 (300만 달러 X 70%인) 210만 달러 이상이어야 한다.

설립 형태	등록 자본금의 최소한도
유한 책임 회사	3만 위안
단독 주주 유한 책임 회사	10만 위안
주식회사	5백만 위안
지주 회사	3,000만 달러[10]

[표 5.2] FIE 설립 형태에 따른 등록 자본금 최소한도

충족해야 한다. 등록 자본금이 1억 달러 미만일 때 부채의 규모는 이미 납입된 등록 자본금의 여섯 배를 초과할 수 없다. 지주 회사가 사업상의 이유로 이를 초과하는 부채를 충당해야 할 경우, 상무부로부터 특별 승인을 받아야 한다.

중국 법에 따르면 앞서 언급한 한도 이외에도 FIE의 설립 형태에 따라 등록 자본금의 한도가 정해져 있다. 표 5.2를 참고하라.

'중화인민공화국 회사법'이 요구하는 등록 자본금의 최소한도보다 기타 법이나 행정 규정이 명시한 한도가 높을 경우, 후자가 우선한다. 소재지의 인허가 기관에서 별도로 등록 자본금의 최소한도를 정해놓았을 수도 있다. 예를 들어 상하이에서 WFOE를 설립하려면 14만 달러 이상의 등록 자본금을 납입해야 한다.

투자 총액과 등록 자본금은 변동 환율제를 택하는 외화든 런민비든 투자자가 선호하는 통화로 납입할 수 있다.

등록 자본금에 대해 외국인 투자자가 보유할 수 있는 지분권(equity interest)의 비율을 알아두는 것도 매우 중요하다. 중국 법에서는 지분권이 등록 자본금의 25%를 초과하지 못하도록 명시하고 있다. 이를 준수하지 않을 경우, FIE로 간주되는 회사라도 다른

---

10) 2004년에 발효된 '외국 기업의 투자 기업 설립에 관한 조례(Regulations on Establishment of Investment Company by Foreign Enterprises)'에 따라 지주 회사는 중국에 직접 투자를 하는 WFOE나 EJV여야 한다. 또한 지주 회사의 최소 등록 자본금은 위안이 아닌 달러로 표시된다.

FIE가 누릴 수 있는 특혜를 박탈당할 가능성도 있다.

2.6. 등록 자본금

2.6.1. 출자

외국인 투자자는 다음 방법과 규정에 따라 FIE의 자기 자본금을 출자할 수 있다.

가. 현금

중국 법에 따르면 등록 자본금 가운데 30% 이상을 현금으로 출자해야 한다. 현금의 재원은 해외에서 송금한 외화, 런민비 수익, 준비금(reserve fund), 외국인 투자자가 중국에 설립한 FIE를 통해 거둔 미배당 수익 등이 있다. 자본 출자는 외화 현금으로 이루어지는 것이 원칙이다. 그러나 등록 자본금의 표시 통화는 런민비여야 한다. 그러므로 중화 인민 공화국 정부가 고시하는 환율에 따라 외화 자본금을 런민비로 환산해서 표시해야 한다.

나. 현물 출자

기계, 장비, 기타 공업 자산은 현물 출자로 간주된다. 중국 법은 그러한 현물 출자의 가치를 평가하고 승인을 받도록 요구한다.

다. 토지 사용권

토지 소유와 관련된 기존 법규에서는 국가가 모든 토지를 소유하는 것으로 상정한다. 따라서 토지 자체는 자본 출자의 수단으로 사용될 수 없다. 단, 토지 사용권으로 등록 자본금을 납입하는 것은 가능하다. 중국의 토지 사용권에는 불허 토지 사용권(granted land use right)과 할당 토지 사용권(allocated land use right) 등 두 가지 유형이 있음을 반드시 기억해두자. 오직 불허 토지 사용권만 출자 수단으로 사용할 수 있다. 반면에 할당 토지 사용권은 불허 토지 사용권으로 전환해야 출자 수단이 될 수 있다. 출자에 사용된 토지 사용권은 일종의 현물 출자이며 회사 설립과 함께 FIE의 명의로 등록되기 때문에 그 용도에 맞게 감정 평가를 거쳐야 한다.

라. 지적 재산권

외국인 투자자는 특허권, 상표권, 기술, 노하우, 저작권 등을 FIE의 등록 자본금으로 납입할 수 있다. 하지만 일반적으로 지적 재산권과 관련된 사용권이나 판권을 등록 자본금으로 납입하는 것은 허용되지 않는다. 예를 들어 특허를 사용할 수 있는 독점 사용권이 이에 해당한다. 반면 일부 지역의 승인 기관이나 등기 당국은 그러한 성격의 자본 출자를 허용하기도 한다.

자본 출자가 완료되면 지적 재산권의 소유권은 FIE에 이전되기 때문에 더 이상 외국인 투자자에 귀속되지 않는다. 이처럼 소유권이 이전됨에 따라 외국인 투자자가 향후에 해당 지적 재산권을 사용하려면 FIE로부터 사용권을 얻어야 한다. 이 때문에 외국인 투자자들은 지적 재산권을 등록 자본금으로 출자하는 대신 현금이나 다른 재원으로 출자하고 지적 재산권의 사용권을 설립한 FIE에 양도하는 방식을 선호한다.

마. 기타 재산

중국 법은 현금이 아닌 재산, 현물 출자, 토지 사용권, 지적
재산권 등의 FIE 등록 자본금 출자를 허용한다.(단, 외국인
투자자가 중국에 설립한 FIE에 보유한 지분권이나 외국인 투
자자에 대한 FIE의 주주 대출 등의 출자 수단은 감정 평가와
법적 양도 절차를 거쳐야 한다.)

단, 자본 출자의 수단을 결정하기 전에 그러한 방식이 허용되는
지 소재지의 승인 기관 및 등기 당국에 문의하여 철저히 검토하기를
권고한다.

바. 부적격 항목
중국 법은 개인의 이름, 저작, 평판, 선의, 프랜차이즈 권리
를 자본 출자의 수단으로 적격이 아니라고 보고 이를 사용하
는 것을 명시적으로 금하고 있다.

2.6.2. 자본 출자 기간

중국 법은 자본금의 일괄 출자와 분할 출자를 모두 허용한다. 일
괄 출자의 경우 FIE 설립일로부터 6개월 이내에 자본 출자를 완료
해야 한다. 분할 출자는 설립일로부터 2년 이내에 완료되어야 한다.
이때 1차 분할 출자는 설립일로부터 3개월 이내에 이루어져야 하며
그 금액은 외국인 투자자에 의한 자본 출자 총액의 20% 이상이어야
한다.

자본 출자를 완료한 FIE는 회계 법인을 지정하여 등록 자본금
이 전액 납부되었음을 검증하는 '혐자 보고서(capital verification
report)'를 작성하도록 의뢰해야 한다. 이 보고서가 있어야 FIE의 영

업 허가증을 갱신할 수 있다. 이로써 자본 출자 절차가 마무리된다.

2.6.3. 증자와 감자

FIE는 등록 자본금을 증자하거나 감자할 수 있다. 단, 다음과 같은 상황이 발생할 가능성이 있으면 증자나 감자를 시행할 수 없다.

· 증자나 감자를 시행한 후 등록 자본금이 법규가 정한 최소 금액에 미달될 경우.
· 해당 FIE가 경제 분쟁에 휘말려 소송 또는 중재 절차에 관여하게 된 경우.
· 해당 FIE가 CJV이며 외국인 투자자가 CJV 계약에 따라 사전에 투자금을 상환한 경우.

가. 증자

FIE의 주주가 증자하고자 할 때 이러한 증자는 회사 설립 시에 이루어지는 자본 출자로 취급된다. 따라서 자본금의 증가에 대해서도 회계 법인으로부터 험자 보고서(자본금 출자 검증 보고서)를 받아야 한다.

또한 소재지의 등기 당국에 증자를 신청해야 한다.

증자 절차는 다음과 같다.

FIE는 이사회 결의서, 이사회 회장이 서명한 신청서, 기타 관련 문서를 승인 기관에 제출해야 한다. 승인 기관은 서면으로 인허가 여부를 통지한다. 증자가 승인되면 FIE는 소재지의 등기 당국에 등기의 변경을 신청해야 한다.

나. 감자

FIE의 주주가 자본금을 감소하기로 결정할 경우, 다음과 같은 절차를 거쳐야 한다.

· 대차대조표와 회사 자산 목록을 작성한다.
· 이사회가 감자를 결의한 날로부터 10일 이내에 채권자에게 서면으로 감자 사실을 통보해야 한다.
· 이사회가 감자를 결의한 날로부터 30일 이내에 신문을 통해 감자를 공고해야 한다.

서면으로 감자를 통보 받은 채권자는 그로부터 30일 이내에, 서면을 받지 못한 채권자는 신문에 공고가 게재된 날로부터 45일 이내에 FIE에 미상환 채무를 전액 상환하거나 담보를 제공할 것을 요구할 수 있다.

감자의 결과 등록 자본금이 아래 5.2.5 항목에 언급된 법정 자본금에 미달되어서는 안 된다.

증자 절차와 마찬가지로 감자 절차를 시행할 경우, (위에 언급한 서면 통보와 신문 공고를 하는 것 이외에도) 승인 기관으로부터 허가를 받은 후 소재지의 등기 당국에 등기의 변경을 신청해야 한다.

2.7. 등기 주소

FIE를 설립하려는 외국인 투자자는 사무실이나 영업용 부지를 마련하고 그 주소를 소재지의 등기 당국에 등기해야 한다. 주거용 건물은 등기 주소로 인정되지 않는다. 등기 당국은 주거용 건물을 FIE의 주소로 등기하려는 시도 자체를 원천 봉쇄하고 있다. 일반적으로 FIE의 사무실이나 영업용 부지는 매입 또는 임대할 수 있으며 중국 측 사업 파트너가 제공하는 경우도 있다. 일부 지역에서는 개발구의 사무실이나 부지를 제공한다.

FIE를 등기할 때 소재지의 등기 당국은 FIE가 사무실과 영업용 부지를 합법적으로 점유하고 있음을 입증하는 서류를 요구한다. 단, 지역에 따라 제출해야 하는 서류도 다르다. 예를 들어 사무실과 영업용 부지를 임대할 경우, 공증인의 공증을 받아 토지 관리 당국에 등기한 임대 계약서를 요구하는 지역도 있지만 일부 지역에서는 공증이나 등기가 필요 없다. 따라서 불필요하게 지연되는 상황을 방지하려면 소재지의 등기 당국에 확인해보는 것이 바람직하다.

2.8. 기업 지배구조

2.8.1. 최고 의사 결정 기구

EJV나 CJV의 최고 의사 결정 기구는 이사회 또는 합작 경영에 관련된 사안을 결정하는 공동 관리 위원회(joint management committee)다.

WFOE나 FICLS의 최고 의사 결정 기구는 주주 총회다. 이사회는 주주 총회를 소집하고 주주 총회에서 채택한 결의안을 시행하며 FIE의 영업 계획과 투자 프로그램을 결정하고 주요 전략을 마련하며 사내 경영 구조를 결정하는 등의 경영권을 행사할 수 있다. WFOE 역시 집행 이사(executive director)를 임명하여 회사의 집행/경영 기구로 활동하도록 할 수 있다.

FIE의 최고 의사 결정 기구는 그 설립 형태에 따라 다르다.

이사회를 설립하려면 주주가 임명한 이사가 3인 이상 있어야 한다. 이사회 회장, 집행 이사 또는 관리자는 FIE의 법률상 대리인으로서 제3자와의 사업 거래를 추진하는 등 FIE를 대신하여 활동하게 된다.

EJV의 경우, 각 당사자가 임명하는 이사의 숫자와 이사회의 구성은 합자 경영 계약서와 부속 정관에 명시해야 한다. 이사는 각 당사자가 임명하고 교체할 수 있다. 이사회 회장과 부회장은 합자 경영 당사자 간에 협의를 거쳐 임명하도록 한다.

이사회 의결 절차에 관한 규칙은 다음과 같은 예외 사항을 제외하고는 FIE의 부속 정관에 명시해야 한다.

· EJV의 이사회 회의는 2/3 정족수를 넘어야 개최할 수 있다. 다음 항목에 해당하는 결의안은 이사회에 참석한 이사들이 만장일치로 합의하여야 통과시킬 수 있다.

가. 합자 경영 회사 부속 정관의 변경
나. 합자 경영의 종료와 회사 해산
다. 합자 경영 회사의 등록 자본금 증가나 감소
라. 합자 경영 회사의 합병이나 분할

기타 사안에 관한 결의안은 EJV의 부속 정관에 명시된 절차를 준수하여 통과시키도록 한다.

구분	WFOE	FICLS	EJV	CJV
주주 총회	√	√	X	X
이사회	√	√	√	√
집행 이사	√	X	X	X
공동 관리 위원회	X	X	X	√
이사회/공동 관리 위원회의 역할	집행기구	집행기구	의사 결정 기구	의사 결정 기구

[표 5.3] 최고 의사 결정 기구의 특징

· FICLS의 이사회 회의는 과반수를 넘는 이사가 참석하지 않는 한 개최할 수 없다. 각 이사가 한 표의 투표권을 가진다. 과반수를 넘는 이사가 승인해야 결의안을 통과시킬 수 있다.

2.8.2. 경영 기구

‘중화인민공화국 회사법’ 에 따라 FIE는 경영과 운영을 담당하는 경영진을 구성할 수 있다. 그러한 경영진은 총경리, 부 경리, 재무 관리자, 기타 FIE가 필요하다고 간주하는 경영인으로 구성된다.

총경리는 이사회에 보고할 의무가 있으며 이사회 결의안을 집행하고 영업 계획서와 사규를 작성하며 이사회가 임명하거나 퇴출하지 않는 기타 직원을 임명하거나 퇴출할 수 있는 권한이 있다. 단, 총경리의 권한에 관하여 부속 정관에 다른 조항이 명시되어 있을 경우, 해당 조항이 우선시된다.

2.8.3. 감사 기구

‘중화인민공화국 회사법’ 에 따르면 외국인 투자자는 FIE의 감사를 임명하거나 감사회를 구성해야 한다. 감사회의 구성원은 3인 이상이어야 하며 주주 대표와 종업원 대표를 반드시 포함해야 한다. 주주의 숫자가 많지 않고 규모가 작은 FIE의 경우, 1인의 감사만 두어도 무방하나 FIE의 이사와 임원이 감사를 겸임하는 것은 허용되지 않는다.

2.9. 이사와 임원의 의무와 책임

이사와 임원은 회사에 대해 신의를 지키고 성실을 다할 의무가 있으며 뇌물을 수수하거나 이사회나 주주 총회의 허가 없이 회사의 계약을 체결하거나 회사의 재산을 이용하여 유가증권을 거래하여 불법 소득을 창출하거나 회사의 이해관계를 해침으로써 사리를 꾀하는 등 자신의 지위를 남용할 수 없다. 신의 성실 의무를 위반한 이사나 임원은 그러한 행위로 얻은 수익을 회사에 반환해야 함은 물론 손해를 배상할 책임이 있으며, 경우에 따라서는 자신의 행위에 대한 형사상의 책임을 져야 할 수도 있다.

중화인민공화국 회사법에 따르면 이사나 임원의 배상 책임 보험을 드는 것이 의무 사항은 아니다. 원칙적으로 모든 기업은 그러한 보험에 가입할 수 있지만 실제로 보험에 가입한 곳은 일부 상장 기업뿐이다. 그처럼 일부 기업만 이사나 임원의 배상 책임에 대비한 보험에 가입하는 까닭은 보험료가 비싸고 예외 조항이 많으며 보험사의 최고 의사 결정자로부터 승인을 받아야 하는 등 보험 가입에 몇 가지 문제점이 있기 때문이다. 단, 보험사 입장에서 볼 때, 상장 기업은 정보를 공개할 의무가 있으므로 보험사가 해당 기업의 경영 활동을 검토하는 것이 비교적 용이하다. 상장 기업 이사나 임원의 책임 보험 가입이 비교적 덜 까다로운 것도 그 때문이다. 반면 비상장 기업의 경우, 정보를 공개할 의무가 없으므로 보험사가 해당 기업의 경영 활동에 대한 정보를 확보하기 어렵다. 따라서 비상장 기업의 이사나 임원의 책임 보험 가입을 허용할 경우 더 큰 위험을 부담할 가능성이 있다. 보험사가 비상장 회사의 보험 가입을 꺼리는 것도 그 때문이다.

2.10. 외환

FIE를 설립하면 외환 거래가 허용된 은행에 외화 자본금 계좌와 당좌 계좌를 개설할 수 있다. FIE는 그러한 계좌를 통해 외화를 송금하거나 수취할 수 있다. 그 예로 외국인 투자자가 출자하는 자본

금을 수취하거나 중국에서 거둔 수익을 자국에 송금하거나 제품 수
입 대금을 지급하는 경우 등이 있다. 자세한 내용은 5.2.15.4. 항목의
다를 참조하라.

2.11. 감사 요건

FIE는 매 회계연도 말에 재무 보고서와 회계 보고서를 작성해야
한다. 이러한 보고서는 회계 법인의 감사를 받아야 하며 그에 따른
감사 보고서를 매년 소재지의 국가 공상 행정 관리 총국에 제출해야
한다. 등록 자본금을 감자하거나 FIE의 인수 합병, 분할, 해산, 청
산을 추진할 때도 감사 보고서가 필요하다.

2.12. 회계와 세금

FIE는 중국의 회계 기준에 따라 회계 장부를 중국어로 작성해야
한다. 단, FIE의 주주가 인허가하는 경우 다른 언어로 된 회계 장부
를 추가해서 작성할 수 있다.

중국의 FIE는 2007년 3월까지 기존 세제에 따라 기업 소득세를
감면 받는 등 특혜를 누렸다. 그러나 2008년 1월 1일 새로 제정된
'중화인민공화국 기업 소득세법'이 발효되면서 중국 국내 기업과
FIE를 두루 포괄하는 기업 소득세법의 적용을 받게 되었다. 그에
따라 기업 소득세 감면 혜택은 대부분 철폐되었다.

기업 소득세 이외에도 FIE와 중국 국내 기업에 공통적으로 부과되
는 세금으로는 부가가치세, 사업세, 도시 부동산세, 증지세(deed tax)
등이 있다. 세제에 관한 좀 더 상세한 내용은 9.1. 항목을 참조하라.

2.13. 기금 적립과 수익 배당

구분	WFOE	EJV	CJV
준비금	의무	의무	의무
사업 확장 기금	불필요	의무	의무
종업원 상여금 및 복지 기금	선택	선택	선택

[표 5.4] FIE 형태에 따른 기금 적립 의무

FIE가 세후 수익을 주주에게 배당하려면 일단 세후 수익으로 전년도 손실을 보전하고 준비금, 사업 확장 기금, 종업원 상여금 및 복지 기금을 적립하거나 보완해야 한다. 표 5.4.에서 보듯이 법인 형태에 따라 적립해야 하는 기금이 다르다.

중국 법에 따라 준비금의 적립 비율은 일반적으로 세후 수익의 10% 이상이다. 그러나 준비금 총액이 등록 자본금의 50%를 초과하면 준비금을 추가로 적립할 필요가 없다. 사업 확장 기금의 적립 비율은 중국 법에 최소한도가 명시되어 있지 않으므로 이사회의 재량으로 결정한다. 종업원 상여금과 복지 기금은 선택 사항이다. 이사회의 권한으로 그러한 기금의 적립 여부를 결정할 수 있다.

손실을 보전하고 기금을 적립하고 남은 수익은 투자자에게 배당할 수 있다. 일반적으로 지분 비율에 비례하여 수익을 배당한다. 그러나 FICLS의 경우, 부속 정관에 수익 배당률에 관한 조항을 별도로 마련할 수 있다. CJV는 투자자들이 배당률을 결정할 수 있다. FIE가 2008년 1월 1일 이전에 창출한 누적 수익 가운데 외국인 투자자들에게 향후에 배당될 미배당 수익에 대해서는 원천 소득세[11]가 면제된다. 반면에 2008년 1월 1일 이후에 창출된 수익에 대해서

---

11) 2004년에 발효된 '외국 기업의 투자 기업 설립에 관한 조례(Regulations on Establishment of Investment Company by Foreign Enterprises)' 에 따라 지주 회사는 중국에 직접 투자를 하는 WFOE나 EJV여야 한다. 또한 지주 회사의 최소 등록 자본금은 위안이 아닌 달러로 표시된다.

는 10%의 원천 소득세가 적용된다.

FIE가 이사회 결의서, 감사 대차대조표, 납세 증빙, 외환 거래 인증서, 험자 보고서, 기타 외환 관리국이 요구하는 서류를 제출하면 런민비로 표시된 수익을 외화로 환전할 수 있다.

2.14. 존속 기간

일반적으로 FIE는 설립 신청 서류에 최소한의 존속 기간을 명시하도록 되어 있다. FIE의 존속 기간은 종사하는 산업의 종류, 투자 금액, 투자에 따른 위험, 투자금 회수 기간 등에 따라 다르지만 일반적으로 30년 이상을 넘지 않는다.

2.15. FIE 설립 절차

중국에서 FIE를 설립하려면 주무 당국으로부터 승인을 받아야 한다. 이 승인 없이는 등기 당국이 FIE의 등기와 영업 허가증 발부를 거부한다.

FIE 설립을 승인받으려면 (부속 정관, EJV와 CJV의 경우에는 합자 계약이나 합작 계약 등) 설립에 필요한 서류를 승인 기관에 제출해야 한다. 승인 신청서가 통과되면 당국은 비준 증서를 FIE에 발급한다.

설립 승인을 받은 FIE는 중앙 정부나 성급 등기 당국에 등기를 신청해야 한다. 이때 등기 당국은 승인 기관과 같은 급이어야 한다. 등기를 마친 FIE는 등기 당국으로부터 영업 허가증을 발부받는다.

설립 이후에도 법인 인감 제작, 세무 등록, 외환 등록, 은행 계좌 개설, 재정 등록, 세관 등록 등 몇 가지 업무를 추가로 처리하여야 영업을 시작할 수 있다.

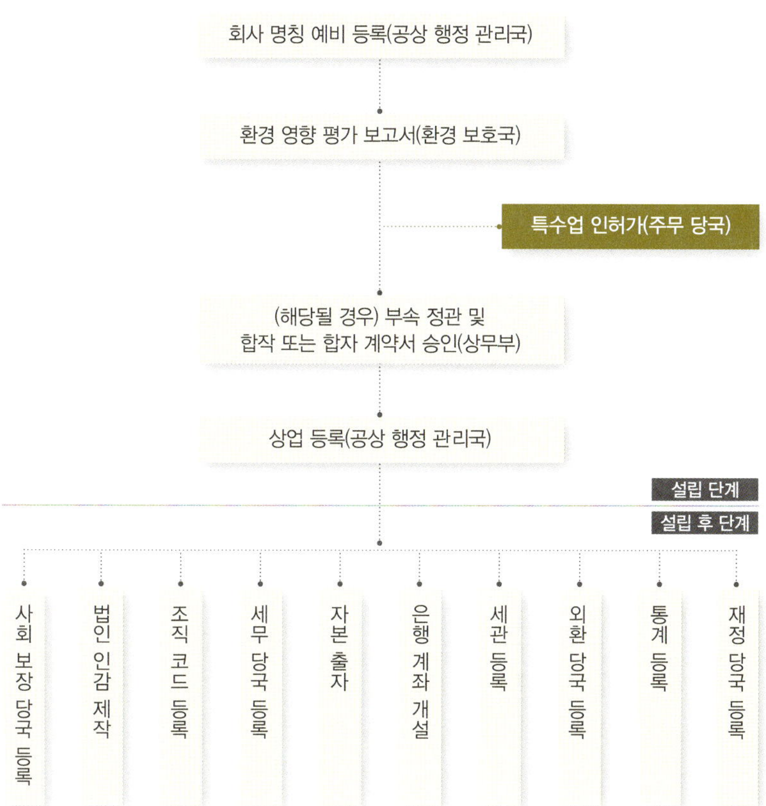

[도표 5.1] FIE 설립에 필요한 업무

2.15.1. 회사 명칭의 예비 등록

FIE 설립에서 1단계는 회사 명칭의 예비 등록이다. 명칭을 정하는 것에 관해 좀 더 상세한 내용은 5.2.4.를 참조하라.

FIE의 이름을 예비 등록하고자 하는 외국인 투자자는 예비 등록 신청서를 FIE의 소재지가 될 지역의 등기 당국에 제출해야 한다.(좀 더 상세한 내용은 5.2.7를 참조하라)

등기 당국에 제출할 예비 등록 신청서에는 사용하고자 하는 FIE

의 명칭 이외에도 다음 정보가 포함되어야 한다.

- 투자 총액 및 등록 자본금
- 경영 범위
- 영업 기간
- 주주 구조

소재지의 등기 당국은 신청서 제출일로부터 10일 이내에 예비 등록 통지서를 발부한다.

예비 등록한 명칭은 6개월간 유지된다. 등기 당국의 승인을 받으면 그 기간을 추가로 연장할 수 있으나 6개월 이상은 연장되지 않는다.

2.15.2. 상무부의 인허가

FIE의 명칭을 예비 등록한 외국인 투자자는 인허가 기관인 상무부나 소재지에 있는 상무 주관 기관에 설립에 필요한 서류를 제출할 수 있다.

설립에 필요한 서류는 다음과 같다.

- 회사 명칭 예비 등록 통지서
- 승인 신청서
- 중국 영사의 공증과 공인을 받은 외국인 투자자(본사)의 법인 설립 등기필증 원본. 투자자가 개인일 경우 여권 사본
- 사업 타당성 연구 보고서(feasibility study report)
- 합자 또는 합작 계약서. WFOE의 경우에는 해당되지 않음.
- 부속 정관

- 주거래 은행이 투자자의 지급 능력을 보증하는 신용장. 투자자가 개인일 경우 해당 추천장에는 투자자에게 자본 출자금을 상회하는 예금 잔고가 있음이 명시되어야 한다.
- 이사, 이사회 회장, 감사, 총경리 임명장 및 이들의 여권 사본과 사진
- 임대차 계약서 또는 등기 주소에 대한 재산 증명서
- 상업 등기 서류
- 설립 과정에서 외국인 투자자를 대리할 사람에 대한 위임장

위에 언급한 서류가 일반적으로 주무 승인 기관에서 요구하는 것들이다. 단, 다른 서류가 필요할 수도 있음을 명심해야 한다. 승인 기관이 환경 보호국이 심사한 환경 평가 보고서 등 다른 서류를 요구하는 경우도 간혹 있기 때문이다.

중국 법에 따르면 승인 절차는 설립에 필요한 모든 서류가 제출된 날로부터 3개월 이내에 완료되어야 한다. 일부 지역에서는 승인 절차에 걸리는 기간이 더 짧은 경우도 있다.

인허가 기관에 의해 승인 절차가 완료되면 해당 FIE에 비준 증서가 발급된다. 비준 증서를 발급 받은 FIE는 소재지의 등기 당국에 회사를 등기할 수 있다.

2.15.3. 설립 등기

승인 기관으로부터 비준 증서를 발급 받은 날로부터 30일 이내에 설립 등기 신청서를 제출해야 한다. 등기에는 다음과 같은 서류가 필요하다.

- 등기 신청서
- 승인 기관이 발급한 비준 증서
- 회사 명칭 예비 등록 통지서
- 이사, 이사회 회장, 감사, 총경리 임명장 및 이들의 여권 사본과 사진
- (해당되는 경우) 합자 또는 합작 계약서, FIE의 부속 정관
- 등기 주소에 대한 임대차 계약서

지역에 따라 등기 당국에 제출해야 할 서류가 다를 가능성이 있다. 예를 들어 일부 등기 당국은 등기할 회사 사무실의 임대 계약서를 요구하기도 한다. 또 등기 당국은 제출된 부속 정관과 (해당되는 경우) 합자 또는 합작 계약서를 재검토하게 된다. 이때 승인 기관이 부속 정관과 계약서를 사전에 승인했더라도 등기 당국에서 그에 대한 수정을 요구할 수 있다. 소재지의 등기 당국이 요구하는 조건을 충족하는 서류를 제출하면 등기 절차가 완료된다. 등기에 걸리는 기간은 통상 30일 정도다.

등기 절차가 완료되면 소재지의 등기 당국은 FIE에 영업 허가증을 발급한다. 영업 허가증 발급일이 회사 설립일로 간주된다. 영업 허가증에는 회사 명칭, 등기 주소, 등록 자본금, 법적 대표자, FIE의 영업 기간과 사업 범위 등이 기재된다.

2.15.4. 설립 후 처리해야 할 업무

영업 허가증을 발급 받은 FIE가 처리해야 할 설립 후 절차는 다음과 같다.

가. 법인 인감

FIE는 소재지의 공안국으로부터 법인 인감 및 (재정 인감, 계약 인감, 대표 인감 등) 기타 인감 제작에 대한 허가서를 받아야 한다. 허가서를 받으면 공안국이 지정한 인감 제작소에서 인감을 제작할 수 있다.

나. 조직 기구 코드 등록

FIE는 조직 기구 코드를 받아야 한다. 소재지의 품질 감독 검사 검역 총국(the Administration of Quality Supervision, Inspection, and Quarantine)에 영업 허가증, 비준 증서, 법적 대표자의 신원을 증명하는 서류 등을 제출하여 등록하면 코드를 받을 수 있다. 조직 기구 코드 대마증과 조직 기구 코드 IC 카드가 발급되는 데 걸리는 기간은 일반적으로 5~10일이다. 여기에는 회사 명칭, 등기 주소, 법적 대표자 등 기본 정보가 포함된다.

다. 세무 등록

FIE의 설립일로부터 30일 이내에 소재지 세무 당국에 세무 등록을 해야 한다. 세무 당국은 FIE가 제출한 서류를 검토하고 사무실을 사찰한 이후에 세무 등록증을 발급한다. 이 절차에는 약 30일이 걸린다.

라. 외환 등록

FIE는 외환 관리국이나 그 관할 기구에 외환 등록을 해야 한다. 외환 등록을 하지 않을 경우 외환 자본금 계좌를 개설할 수 없으며 외화로 자본금을 납입할 수 없다.

외환 등록증을 받으려면 FIE 설립 30일 이내에 소재지의 외환 관리국 관할 기구에 등록해야 한다. 등록증에는 FIE가 개설한 외환 계좌에 관한 기본 정보가 포함된다. 여기에 약 3~5일이 걸린다.

마. 은행 계좌 개설

세무 등록증과 외환 등록증을 발급 받은 FIE는 지정된 외환 거래 은행에 계좌를 개설할 수 있다. 정상 운영을 하려면 다음과 같이 2개 이상의 계좌가 필요하다.

· 자본 출자에 필요한 외환 자본금 계좌.
· 경상 거래, 예금 적립, 인출에 필요한 런민비 보통 계좌.

자본 계좌는 소재지의 외환 관리국 관할 기구로부터 승인을 받아야 개설할 수 있다. 이 계좌의 예금 상한선은 FIE의 등록 자본금과 같다. 런민비 표시의 보통 계좌를 개설하려면 소재지에 있는 중국 인민은행 지점으로부터 승인을 받아야 한다. 계좌 개설에 걸리는 기간은 1주일 정도다.

바. 재정 등록

FIE는 설립일 30일 이내에 소재지의 재정 당국에 등록해야 한다. 재정 당국이 등록증을 발급하면 FIE는 회계 감사 법인을 지정하여 험자 보고서를 작성하고 회계 장부를 감사하며 기타 재무 회계 활동을 수행하도록 할 수 있다. 재정 등록에는 2~5일이 걸린다.

사. 출자 검증

FIE 설립 이후 투자자는 앞서 2.6.1.에서 언급한 제한 규정과 요건 및 부속 정관과 법이 정하는 기간에 따라 현금이나 현물을 FIE의 등록 자본금으로 납입해야 한다. 투자자가 자본 출자를 완료하면 FIE는 제3자인 회계 법인을 지정하여 출자를 검증하고 그에 따라 험자 보고서를 작성하게 해야 한다. 투자자들이 출자를 기한 내에 했다는 점을 입증하는 험자 보고서(驗資報告書)는 소재지의 등기 당국에 제출하면 된다. 험자 보고서를 등록하는 즉시 등기 당국은 FIE에 신규 영업 허가증을 발급한다. 영업 허가증에는 납입된 자본금의 액수가 기재된다. 여기에 걸리는 기간은 어떤 회계 법인을 지정하느냐에 따라 다르다.

아. 세관 등록

자사 명의로 제품을 수출하거나 수입하고자 하는 FIE는 소재지의 세관에 등록해야 한다. 등록을 마치면 세관은 FIE에 세관 등록증을 발급한다. 세관 등록증을 받은 FIE는 자사 명의로 수출 제품이나 수입 제품을 세관에 신고할 수 있다. 세관 등록을 하지 않은 FIE는 대행업체를 통해서만 제품을 수입하거나 수출할 수 있다.

세무 등록에 필요한 절차를 마치고 런민비 보통 계좌를 개설한 FIE는 소재지의 세관에 등록증을 신청할 수 있다. 세관 등록에 걸리는 기간은 영업일 기준으로 약 10일이다. 세관 등록증은 3년간 유효하며 갱신할 수 있다.

자. 사회 보장 등록

FIE도 중국 국내 기업과 마찬가지로 직원의 급여를 지급하고 직원에 대한 사회 보장 분담금을 적립해야 한다. 사회 보장 분담금은 소재지의 노동국에 등록된 전용 계좌에 적립한다. 사회 보장 의무를 이행하기 위해서는 설립일로부터 30일 이내에 소재지의 노동국에 사회 보장 전용 계좌를 개설해야 한다. 사회 보장 등록에는 영업일 기준으로 약 5일이 걸린다.

차. 통계 등록[12]

FIE는 설립일로부터 30일 이내에 소재지의 통계 당국을 접촉하여 통계 등록을 마쳐야 한다. 통계 당국은 FIE의 명칭, 등록 자본금, 주소, 설립 형태, 종업원 수, 산업 부문, 연간 예상 매출액 등 기본적인 기업 정보를 등록한다. 등록이 완료되면 통계 등록증이 발급된다. 이때 소요되는 기간은 영업일 기준으로 약 3일이다.

2.15.5. 설립 절차에 소요되는 기간

중국에서 FIE를 설립하는 데는 통상적으로 약 2개월이 걸린다. 단, 설립에 걸리는 기간과 당국에 지급해야 하는 수수료는 지역별로 다르다.

---

12) 1993년 공포된 '외상 투자 기업, 외국 기업, 외국인 개인의 주식 양도 소득과 배당 수익에 대한 세금 문제에 관한 회람(Circular on Questions Concerning Tax on the Profits Earned by FIEs, Foreign Enterprises and Individual Foreigner from the Transfer of Stocks and on Dividend Income)' 에 의거하여 FIE를 설립한 외국인 투자자가 벌어들인 수익이나 배당금과 중외 합자 기업이나 합작 기업에 참여한 외국인 개인 투자자가 받은 배당금과 보너스에 대해서는 소득세가 부과되지 않는다. 이러한 우대 조치는 2008년 1월 1일 발효된 신규 '중화인민공화국 기업 소득세법(PRC Enterprise Income Tax Law)' 에 따라 과도기를 거쳐 폐지될 예정이다.

2.16. 연간 사찰

FIE는 설립 2년차부터 매년 사찰을 받아야 한다. 사찰은 매년 3월 1일과 6월 30일 사이에 이루어진다. 소재지의 상무국 관할 기구를 접촉하고 (연간 사찰 보고서, 감사 보고서, 설립 비준 증서 등) 필요한 서류를 매년 제출함으로써 공동 사찰을 받는다. 그 이후 소재지의 등기 당국에도 사찰에 필요한 해당 서류를 매년 제출해야 한다. 공동 사찰은 일반적으로 세무 사찰, 외환 사찰, 통계 사찰로 구성된다.

이처럼 법이 정하는 연간 사찰 절차를 이행하지 않은 FIE는 과태료를 물어야 한다. 정해진 기한 내에 사찰에 필요한 서류를 제출하지 않을 경우 영업 허가증이 취소된다.

2.17. 외상 투자 상업 기업

2.17.1. 발전 과정

2004년 이전만 해도 FIE에 허용된 수출입 업무는 제한적이어서 자사의 제조에 필요한 원료를 수입하거나 제조한 제품을 직접 수출하는 경우가 대부분이었다. 따라서 외국인 투자자가 수출입업이나 유통업에 종사하려면 자유 무역구에 회사를 설립하거나 중국 측 업체와 제휴할 수밖에 없었다. 이 경우에도 중국의 당국에서 요구하는 등록 자본금 한도와 매출의 상한선이 높아서 외국인 투자자가 상업 활동을 추진하는 데 한계가 있었다.

그러다 중국이 WTO에 가입하면서 체결한 약정에 따라 FIE가 일반 무역 및 유통 활동에도 종사할 수 있게 되었다. 상무부가 2004년 11월부터 시행한 '중화인민공화국 외상 투자 상업 영역 관리 방법(PRC Measures for Administration for Foreign Investment in the Commercial Sector)'은 FIE가 수입한 제품이나 국내에서 제조한 제품을 자사의 유통 경로를 통해 유통할 수 있게 하고 저장, 창고업, 유지 보수, 교육, 운송 등과 관련된 서비스도 제공하도록 허용하고 있다. 이러한 활동에 종사하는 FIE를 외상 투자 상업 기업(Foreign Invested Commercial Enterprises, 이하 FICE)이라 한다.

중화인민공화국 외상 투자 상업 영역 관리 방법을 공포한 이후 중국에서 FICE를 설립하려 하거나 기존 FIE를 FICE로 전환하려는 신청 건수가 기하급수적으로 늘어났다. 그 결과 FICE는 현재 중국에서 사업을 추진하는 외국인 투자자가 가장 흔히 이용하는 투자 기구 가운데 하나다.

2.17.2. FICE와 FIE의 차이점

FICE는 수입 및 수출 허가증이 있다는 점에서 일반적인 FIE와 차별화된다. 또한 중국에서 다음과 같은 업무에 종사한다.

- 수수료를 받는 대행업
- 도매업
- 소매업
- 프랜차이즈업

2.17.3. 제품에 대한 제한

중국 정부가 무역 및 유통을 자유화하긴 했으나 아직도 FICE은 활동에 제약을 받는다. 일례로 수출이나 수입을 할 수 있는 제품이 제한되어 있고 외국인이 보유할 수 있는 지분권에도 상한선이 있다. 제한 품목으로는 도서, 정기 간행물, 신문, 자동차, 의약품, 소금, 비료 및 살충제 등 농업 약품, 원유 등이 있다. 따라서 FICE를 설립하기 전에 취급할 제품이 제한 품목에 해당되는지 자문을 구하는 것이 바람직하다.

그뿐만 아니라 수출입하거나 유통할 제품의 구체적인 목록도 당국에 제출해야 한다. 중국 정부는 FICE가 수출입을 할 수 있는 제품의 범위를 명확히 규정해놓고 있다.

2.18. 투자 기구의 특성

표 5.5는 다양한 투자 기구를 비교하여 보여준다. 또한 표 5.6에는 FIE, 대표 사무소, 지점의 차이점이 정리되어 있다.

3. 기타 사업 활동 수단

외국 기업은 FIE를 설립하지 않고도 원료를 수급하거나 중국 업체에 가공이나 조립을 위탁하거나 프랜차이즈를 운영하거나 위탁 경영을 할 수 있다.

3.1. 원료 수급 및 무역

중국 법은 외국 기업이 국제 구매 계약 및 판매 계약을 체결하여 중국으로부터 제품을 수입하는 것을 허용한다. 중국 시장에서 원료를 구매하기 위해 현지 임직원을 둘 필요가 있을 경우, FICE를 설립해야 한다.

3.2. 가공 또는 조립

가공이나 조립은 수입 원료를 가공하거나 수입 부품을 조립하는

FIE의 유형	형태, 법적 지위, 경영 범위	투자 방식	수익 및 위험 배분	경영
EJV	유한 책임 법인	계약 당사자가 현금, 현물, 지적 재산권, 토지 사용권 등으로 출자한다.	계약 당사자의 지분권 비율에 따라 배분한다. 수익은 현금의 형태로만 배당되는 것이 보통이다.	최고 의사 결정 기구는 이사회다.
CJV	유한 책임 법인 또는 비법인 합작 기구	계약 당사자가 판매 경로나 허가증 등 사업에 필요한 요건을 제공한다.	합작 경영 계약서의 조항이 우선한다. 따라서 계약 당사자의 지분권에 비례하여 배분하지 않는 경우도 있다.	최고 의사 결정 기구는 이사회나 공동 관리 위원회다.
WFOE	유한 책임 법인	EJV와 동일.	부속 정관의 조항에 따라 투자자별로 배분한다. 수익 배당은 외환 관리국이 고시하는 환율에 따라 환산한다.	최고 의사 결정 기구는 단독 주주나 주주 총회다.
FICLS	유한 책임 법인	투자자가 현금, 현물, 지적 재산권, 토지 사용권 등으로 출자한다.	EJV와 동일.	최고 의사 결정 기구는 주주 총회다.

[표 5.5] FIE의 유형별 특징

투자기구	특징	장점	단점
FIE	(일부 CJV를 제외하면) 법인 형태	직접 영업 활동에 종사할 수 있다.	설립 절차가 비교적 까다롭고 오랜 시간이 든다. 출자, 자기 자본 대비 부채 비율 등 설립 요건이 까다롭다.
대표 사무소	비법인 형태. 책임을 부담하는 주체는 해외의 모회사다. 주로 외국 기업이 중국에 정식 법인을 설립하기 전에 현지 정보를 확보하기위해 세운다.	설립 절차가 간단하고 신속하다. 출자, 자기 자본 대비 부채 비율 등 까다로운 요건을 충족하지 않아도 된다.	경영 범위가 크게 제한된다. 간접적인 사업 활동만 추진할 수 있다.
지점	비법인 형태. 책임을 부담하는 주체는 해외의 모회사다. 주로 보험사나 은행 등 금융기관이 설립한다.	대표 사무소와 동일함.	수익 창출 활동에 종사할 수 있다는 점 이외에는 대표 사무소와 동일함.

[표 5.6] FIE, 대표 사무소, 지점의 특징

것을 말한다. 즉, 외국 측이 제공하는 원료, 부재료, 구성품, 부품, 포장재 등을 중국 업체가 가공하거나 조립하는 행위다. 완성된 제품은 해당 국가에서 판매된다.

3.3. 프랜차이즈업

중국 법은 기업이나 개인(프랜차이즈 계약자)이 프랜차이즈 사업자와 프랜차이즈 계약을 체결한 후 프랜차이즈 대금을 지급하고 사업 모델, 등록 상표, 특허, 기타 자원을 이용하여 사업체를 수립하는 것을 허용한다.

프랜차이즈 사업에 관한 좀 더 상세한 내용은 4.3. 항목을 참조하라.

3.4. 건설-경영-양도 모델

중국이 WTO의 회원국이 되면서 기본 인프라와 공공 서비스의 수요가 크게 늘어났다. 그에 따라 해외 대형 프로젝트 사업주의 사업 기회가 증가했으며 민관 제휴 사업이 다수 추진되고 있다. 현재 중국에서 가장 흔히 활용되는 프로젝트 사업 모델은 건설-경영-양도(Build-Operate-Transfer, 이하 BOT)다.

BOT 계약에는 시설 사용권의 양도가 수반된다. 공공 부문이 민간 사업자를 선정하여 계약을 체결한 후 일정 기간 동안 재원 확보, 설계, 시공, 운영을 맡기는 형태다. 기간이 만료되면 시설 소유권은 다시 공공 부문이 회수한다. 민간 사업자는 시설 운영 기간 동안 시설을 관리하고 투자 수익을 확보하기 위해 요금, 사용료, 통행료 등을 부과할 수 있다.

다른 형태의 민관 제휴 사업으로는 건설-소유-경영(Build-Own-Operate, BOO)과 설계-건설-운영(Design-Build-Operate, DBO) 등

이 있는데 BOT만큼 자주 활용되는 모델은 아니다.

중국에서도 이처럼 민관 제휴 사업이 추진되고 있긴 하지만 여전히 갖가지 법적인 장벽이 BOT 계약의 협상과 체결을 가로막고 있다. 이는 중국이 WTO에 뒤늦게 가입했기 때문이다. 주요 부문에 대한 외국인 투자 제한과 금지 조치가 여전히 남아 있는 것이다. 하지만 가까운 시일 내에 서서히 철폐될 것으로 보인다.

6장

인수 합병
Mergers and Acquisitions

1. 중국의 인수 합병

1.1. 합병

중국 법은 외국 기업과 중국 기업 간의 합병을 허용하지 않는다. 다시 말해 국경 간 합병이 허용되지 않는 것이다.

FIE 간의 합병에는 '외상 투자 기업의 합병과 분할에 관한 대외 무역 경제 협력부[1] 및 국가 공상 행정 관리총국 조례(Regulations of the Ministry of Foreign Trade and Economic Cooperation and the SAIC on Merger and Division of Foreign Invested Enterprises, 이하 합병 조례)'가 적용된다. FIE와 중국 국내 기업 간의 합병에도 동 조례가 포괄적으로 적용된다.

1.1.1. 제한 조치

합병 계약을 체결하려는 FIE는 우선 등록 자본금을 완납해야 한

---

[1] 상무부의 과거 명칭

다. FIE와 중국 국내 기업 간의 합병이라면 다음 요건을 충족해야
한다.

- 해당 중국 국내 기업은 유한 책임회사 또는 주식회사여야
  한다.
- 합병으로 탄생하는 회사는 『외국인 투자 산업 지침서』를 준수
  해야 한다.
- 합병 이후 외국인 투자자가 보유할 수 있는 지분은 25%를 초
  과할 수 없다.
- 합병 이후에도 직원의 고용이나 재배치가 보장되어야 한다.

1.1.2. 합병의 유형

'합병 조례'에 따라 2개 이상의 기업이 합병되면 새로운 FIE가
설립되거나 한 쪽이 다른 쪽을 흡수하게 된다.

1.1.3. 절차

기업 합병을 신청하려면 다음 서류를 제출해야 한다.

- 합병 계약서
- 계약 당사자 쌍방의 지배 기구에 의한 합병 결의서
- 계약 당사자 쌍방의 주주 동의서 및 부속 정관
- 계약 당사자 쌍방의 험자 보고서
- 계약 당사자 쌍방의 대차 대조표 및 자산 목록
- 계약 당사자 쌍방의 전년도 연차 감사 보고서
- 계약 당사자 쌍방의 채권자 명단

- 합자/합작 계약서 및/또는 합병 이후 탄생하는 회사의 부속 정관
- 합병으로 탄생하는 회사의 지배 기구 구성원 명단
- 당국이 요구하는 기타 서류

중국 법에 따라 승인 기관은 서류 제출일로부터 45일 이내에 합병 승인 신청서에 대한 인허가 여부를 결정해야 한다. 단, 승인 기관이 계약 당사자에게 추가 서류나 정보를 요구할 경우 실질적인 기간이 더 길어질 수도 있다.

승인 기관이 지방의 관할 기구가 아닌 중앙정부의 상무부이며 합병이 공정 경쟁을 저해하거나 그로 말미암아 독점 사업체를 설립할 가능성이 있으면 상무부는 공청회를 소집하고 조사를 실시할 수 있다. 이 경우 당국이 1차 승인 여부를 전달하기까지 걸리는 기간은 최대 180일이다.

1차 승인을 받으면 합병 계약 당사자는 채권자에 이를 통보하고 합병에 관한 공고를 신문에 게재해야 한다. 이때 계약 당사자의 채권자는 미지급 채무의 즉시 상환이나 담보물 제공을 요구할 수 있다.

공고 기간이 지나면 합병 계약 당사자는 합병을 최종적으로 승인 받기 위해 공고를 게재했다는 증빙 자료와 채무 보고서를 관련 승인 기관에 제출해야 한다. 인허가 기관은 필요한 서류를 모두 수령한 날로부터 30일 이내에 최종 승인 여부를 결정해야 한다.

합병이 최종적으로 승인되면 계약 당사자는 30일 이내에 기존 비준 증서를 반환 또는 수정하거나 새로운 비준 증서를 신청해야 한다. 따라서 등기 말소나 변경 또는 설립 등기를 소재지의 상무국에 제출해야 한다.

1.2. 인수

중국 법은 외국인 투자자가 중국 기업을 인수하는 것을 허용한다. 중국 기업에는 국내 기업뿐 아니라 FIE도 포함되므로 인수 대상이 FIE냐 중국 국내 기업이냐에 따라 다른 법규가 적용된다.

외국인 투자자가 FIE를 통해 중국 기업을 인수하는 것은 위에 언급한 대로 '역외 인수'[2)]에 해당되지 않는다. 이런 형태의 인수에는 역외 인수와 다른 법규가 적용되는데 구체적으로 2000년부터 시행된 '외자 기업의 국내 투자에 관한 잠정 조항(Interim Provisions on the Domestic Investment of Foreign-funded Enterprises)' 이 있다. 이 경우, 중국 법인으로 간주되는 FIE가 중국 기업을 인수하는 것이므로 법적인 제약을 받지 않는다는 점에 주목할 필요가 있다. 그러나 외환 관리국은 2008년 '외자 기업의 외환 자본금의 지급 및 결산 관리와 관련된 업무의 개선을 위한 통지(Notice on the Relevant Operating Issues Concerning the Improvement of the Administration of Payment and Settlement of Foreign Currency Capital of Foreign-funded Enterprises)' 를 발표하여 FIE의 외환 자본금 결산으로 발생하는 런민비 자금이 주무 당국에서 허용한 경영 범위 내에서만 사용되도록 명시했다. 달리 규정이 없는 한 이를 중국 국내 기업의 지분을 매입하는 데 사용할 수 없다는 말이다. 그 결과 FIE가 증자로 투입된 자금으로 중국 국내 기업의 지분을 매입하는 것은 불가능해졌다. 하지만 지분 매입을 위해 자산을 매입하거나 수익을 재투자하는 것까지 전면 금지된 것은 아니다.

---

2) 대상 기업이 FIE일 경우에는 예외임을 알아두길 바란다. 외국인 투자자에 의한 인수이든 다른 FIE나 국내 기업에 의한 인수이든 FIE 지분의 소유권 변동에 대해서는 별도의 법규가 적용된다.

본 항에서는 2006년 공포된 '외국인 투자자에 의한 역내 기업의 합병 및 인수 조항(the Provisions on Mergers and Acquisitions of Domestic Enterprises by Foreign Investors, 이하 M&A 조례)'이 적용되는 외국인 투자자의 중국 국내 기업 인수에 초점을 맞출 것이다.

1.2.1. 지분 인수와 자산 인수

지분 인수는 외국인 투자자가 중국 국내 기업(대상 기업)을 FIE로 전환하기 위해 지분을 인수하거나 대상 기업의 증자를 목적으로 주식을 추가 발행하는 것을 말한다.

지분 인수의 경우, 대상 기업의 권리와 부채가 모두 지분에 내재되어 있기 때문에 인수 이후에도 대상 기업의 권리를 취득하고 부채도 떠안아야 한다. 따라서 지분 인수를 하려면 대상 기업을 철저하게 실사하여 보고서를 작성해야 한다. 인수 이후에 간접적으로 부담할 가능성이 있는 우발 채무 현황을 파악하고 산정하기 위해서다. 그 이외에도 대상 기업에 적용되던 세제 혜택을 그대로 누릴 수 있다. 그뿐만 아니라 기업 소득세 산정 이후 수익에서 차감해야 할 대상 기업의 손실 역시 떠안아야 한다.

지분 인수의 장점은 다음과 같다.

- 대상 기업이 그대로 존속한다. 따라서 기존 허가증을 그대로 사용할 수 있으며 각종 혜택을 계속 누릴 수 있다.
- 세금 부담이 줄어든다.
- 대체로 자산 인수에 비해 절차가 간소하다.

반면에 단점은 다음과 같다.

· 인수하는 지분에 내재된 위험을 파악하기 위해 철저한 실사
가 필요하다.
· 대상 기업의 권리를 양도하는 규정과 방식을 정할 때 당사자
간 합의가 필요하다. 그래야만 인수 이후에 의무와 책임을 배
분할 수 있다.
· 신규 FIE의 설립이 불가피하므로 시간이 걸린다.

자산 인수는 외국인 투자자가 대상 기업의 자산을 직접 매입하고 이를 이용해 FIE를 설립하거나 반대로 FIE를 설립하고 이를 통해 대상 기업의 자산을 매입하는 것을 의미한다.

자산 인수는 중국 국내 기업의 자산만을 매입하는 행위이므로 대상 기업의 부채가 양도되는 일은 없다. 대상 기업에 적용되던 세제 혜택도 양도되지 않는다. 부채와 세제 혜택은 자산이 아닌 대상 기업에 속한 것이기 때문이다.

자산 인수의 장점은 다음과 같다.

· 인수할 자산에 내재된 위험을 통제하기가 용이하다.
· 대상 기업의 일부만을 인수하는 것이 가능하다. 즉, 원치 않는

구분	매각 주체	매입 주체
자산 인수	· 양도 자산에 대한 기업 소득세 · 무형 자산 및 부동산 매각에 대한 사업세 · 재고 자산에 대한 부가가치세 · 인지세 · 부동산 양도 소득에 대한 토지 이득세	· 부동산 매입에 대한 증지세 · 인지세
지분 인수	· 양도 소득에 대한 기업 소득세 · 인지세	· 인지세

[표 6.1] 적용되는 세금

사업 부문을 제외하고 인수할 수 있다.

· 대상 기업이 지고 있는 부채를 부담할 필요가 전혀 없다.

반면에 자산 인수의 단점은 다음과 같다.

· 세금 부담이 늘어난다.

· 대상 기업이 누리는 세제 혜택이 인수하는 자산에는 적용되지
않는다.

지분 인수와 자산 인수에는 표 6.1에서 보듯이 각기 다른 세금이
부과된다.

중국 국내 기업을 인수할 때는 중국의 토지 보호와 환경 보호 관련
법규에 명시된 요건을 준수해야 한다. 인수 이후에 FIE로 전환되었거
나 FIE로 설립된 회사는『외국인 투자 산업 지침서』를 준수해야 한다.

1.2.3. 절차

인수는 상무부나 성급[3] 상무 주관 기관으로부터 승인을 받아야
한다.

2006년부터 시행된 'M&A 조례'에 따라 지분 인수에 대한 승인
을 받으려면 다음과 같은 서류가 필요하다.

· 유한 책임 회사의 경우, 대상 기업의 주주 전원의 동의. 주식

---

3) 예를 들어 상하이에서는 상무부의 주관 부서가 투자 총액이 1억 달러 미만인 경우, 외국인 투
　자 장려와 허용 대상으로 승인하고 300만 달러 미만인 경우, 제한 대상으로 규정한다. 이러한
　투자 총액이 한도를 넘을 경우, 중앙 정부의 상무부로부터 인허가를 받아야 한다.

회사의 경우, 인수를 승인하는 대상 기업 주주 총회의 결의서
· 대상 기업을 FIE로 전화하기 위한 신청서
· 인수 이후 설립할 FIE의 부속 정관 및/또는 합자, 합작 계약서
· 지분 양도 계약서 또는 증자된 지분을 인수하는 계약서
· 대상 기업의 전 회계연도 감사 재무 보고서
· 중국 영사가 공증이나 인증한 투자자의 등기필증 원본. 개인
  투자자일 경우 여권 사본
· 주거래 은행이 투자자의 지급 능력을 보증하는 신용장
· 대상 기업의 직원 재배치 계획
· 기업의 가치, 채무, 연계된 처분 거래와 관련하여 승인 기관이
  요구하는 기타 서류

자산 인수를 시행하려면 상무부나 성급 상무 주관 기관에 아래와
같은 서류를 제출하고 승인을 받아야 한다.

· 대상 기업 의사 결정 기구가 자산 매각에 동의한다는 결의서
· FIE 설립 신청서
· 인수 이후 설립할 FIE의 부속 정관 및/또는 합자, 합작 계약서
· 자산 매입 계약서
· 대상 기업이 채권자에 대해 자산 매각을 공고했다는 증빙 자료
· 중국 영사가 공증이나 인증한 투자자의 등기필증 원본. 개인
  투자자일 경우 여권 사본
· 주거래 은행이 투자자의 지급 능력을 보증하는 신용장
· 대상 기업의 직원 재배치 계획
· 기업의 가치, 채무, 연계된 처분 거래와 관련하여 인허가 기관

이 요구하는 기타 서류

중국 법에 따라 해당 승인 기관은 위의 서류를 접수한 날로부터 30일 이내에 승인 여부를 결정해야 한다.

외국인 투자자는 승인 당국에서 비준 증서를 받는 날로부터 30일 이내에 소재지의 상무 주관 기관에 상업 등기를 신청해야 한다. 지분 인수의 경우, 대상 기업이 관할 상무 주관 기관에 등기 변경을 신청해야 한다. 해당 지역의 상무 주관 기관에서 등기를 담당하지 않을 경우, 기타 주무 당국에 신청한다.

성급 상무 기관 담당 부서의 승인 업무는 그 이외에도 다양하다. 구체적으로 말하자면 주요 산업 부문 및 국가 경제 안정성에 관한 산업 부문의 인수와 잘 알려진 상표나 회사 명칭에 대한 권리를 양도하는 거래의 승인 여부를 결정한다. 중국 기업이 해외의 투자 기구를 이용해 중국 국내 기업을 인수할 때도 중앙 정부 상무부의 승인을 받아야 한다.

외국인 투자자에 의한 중국 국내 기업 인수가 다음 중 한 가지에 해당될 경우, 투자자는 상무부와 국가 공상 행정 관리 총국에 보고하여 반독점 심사[4]를 받아야 한다.

· 인수 계약 당사자 일방이 당해 연도 중국 시장에서 거둔 매출

---

4) 2008년 8월 1일 발효된 '중화인민공화국 반독점법(PRC Anti-Monopoly Law)' 에 따라 지분이나 자산 인수를 통한 다른 사업자의 통제권 인수도 '경쟁을 배제하거나 제한하는 사업자 집중' 으로 간주된다. 따라서 이 경우, 당국에 사업자 집중 현황을 신고해야 한다. '반독점법' 의 시행 세칙 내용을 살펴보면 본 6장에서 소개한 것과 한도와 주무 당국이 다르다. 이에 관하여 명시적인 시행령이나 법 조항이 발표된 바는 없으나 중국 당국은 사업자 집중에 관해 가장 최근에 발표된 규정을 적용한다.

이 15억 위안화를 초과하는 경우.
· 1년 이내에 인수한 중국의 관련 업종 기업이 10개를 초과하는 경우.
· 인수 계약 당사자 일방의 중국 시장 점유율이 20% 이상인 경우.
· 인수 이후 계약 당사자 일방의 중국 시장 점유율이 20%에 달하는 경우.

위의 조항에 해당되지 않는 인수 거래라도 중국의 경쟁사, 주무 당국, 관련 직능 협회 등의 청구가 있으면 상무부나 국가 행정 관리 총국의 심사를 받아야 할 수도 있다. 당국에서 해당 기업이 인수 거래로 말미암아 향후 상당히 높은 시장 점유율을 가질 것으로 예상하거나 시장 경쟁에 중대한 영향을 줄 수 있다고 판단하면 외국인 투자자는 보고서를 제출해야 한다.

상무부와 국가 행정 관리 총국은 보고서 제출일로부터 90일 이내에 인허가 여부를 결정하기 위해 단독 또는 공동으로 관련 당국, 조직, 기업, 기타 이해 관계자를 소집하여 공청회를 개최할 수 있다.

소재지의 국가 행정 관리국이 영업 허가증을 발급하면 자산 인수를 통해 신설된 기업 또는 인수 대상 기업은 세무, 세관, 토지 관리, 외환 관리를 담당하는 당국에서 등기 절차를 거쳐야 한다.

2. 실사

인수 합병 과정에서 실사의 중요성은 아무리 강조해도 지나침이 없다. 외국인 투자자는 실사를 통해 지금 추진하고 있는 중국 측 파트너와의 사업에 대한 정보를 얻을 수 있다.

그러나 중국에서 실사를 시행하는 데는 걸림돌이 많고 시간도 오래 걸린다. 특히 문화적 차이에 따른 갈등이 발생할 수 있으며 중국의 인수 대상 기업이 외국인 투자자에 대한 정보를 공개하는 과정에서 협조를 하지 않는 경우도 많다.

인수를 계획하는 외국인 투자자는 무엇보다 법률, 세무, 재무, 평판 등에 대한 실사를 중점적으로 수행해야 한다.

2.1. 법률 실사

대상 기업의 법적 지위를 검토하는 것이 급선무다. 권리와 부채, 법규 준수 현황, 제3자의 청구권, 소유한 자산 등의 요소가 인수 거래의 가치에 결정적인 영향을 미치기 때문이다. 따라서 중국 기업과 인수 협상을 벌이는 외국인 투자자는 위의 요소에 주의를 기울여야 한다.

중국에서 법률 실사를 수행할 때는 특히 다음 사안에 초점을 맞춰야 한다.

· 재산 소유권 : 대상 기업이 점유한 건물을 소유하고 있는가? 상표권이나 지적 재산권을 소유하고 있는가?
· 토지 소유권 : 대상 기업이 점유한 토지가 국가 소유인가, 지방의 경제 공동체를 의미하는 집체 소유인가, 중국 인민해방군 소유인가?
· 계약 위험 : 대상 기업이 체결한 계약으로 말미암아 중대한 책임이 발생할 위험이 있는가? 대상 기업이 주주나 이사의 채무를 대신 이행하기 위해 담보를 제공한 바 있는가? 지배권 조항(control clauses)이 변경된 바 있는가?

· 잠재 채무 : 대상 기업에 회계 장부에 기장되지 않은 채무나 계약서상에 명시되지 않은 채무가 있는가?
· 주주 구조와 경영 범위 : 대상 기업의 소유 구조는 어떠한가? 대상 기업이 지정된 경영 범위 내에서 활동하고 있는가?

2.2. 세무 실사

마찬가지로 대상 기업이 세금 관련 법규를 준수하고 있는지도 반드시 확인해야 한다. 중국에서 세금 관련 법규를 위반할 경우, 막중한 법적인 책임을 부담해야 함은 물론 가혹한 처벌을 받을 수 있기 때문이다.

중국에서 세무 실사를 수행할 때는 특히 다음 사안에 초점을 맞춰야 한다.

· 납세 현황 : 대상 기업이 과세 표준에 따라 세금을 정확히 납부하고 있는가?
· 원천 징수 : 대상 기업이 세금 원천 징수의 의무를 제대로 수행하고 있는가?
· 이전 가격(transfer pricing, 외국의 모회사와 중국의 자회사 간 원료, 제품, 서비스 거래를 할 때 적용되는 가격—옮긴이) : 대상 기업이 이전 가격 과세에 관한 법규를 준수하고 있는가?
· 조세 우대 조치 : 대상 기업이 조세 우대 조치의 요건을 빠짐없이 갖추고 있는가?
· 부동산세 : 대상 기업이 부과된 부동산세를 빠짐없이 납부했는가?
· 기타 세금 관련 의무 : 대상 기업이 세무 등록과 송장 관리에

관한 법정 의무를 준수하고 있는가?

2.3. 재무 실사

중국의 대상 기업에 대한 재무 실사는 극히 까다로운 편이다. 중국에서 기업이 지출을 과다 계상하고 수익을 과소 계상한 세무 당국용 장부와 내부용 장부를 따로 두는 등 다중 장부를 만드는 일은 드물지 않게 일어나기 때문이다.

또한 법률 실사, 세무 실사, 재무 실사 보고서를 정확히 대조 검토하는 것이 반드시 필요하다. 중국의 기록 체계는 짜임새가 떨어지기 때문에 모든 정보가 서로 얽히고설키는 경향이 있다.

2.4. 평판 실사

법률, 세무, 재무 실사 이외에도 사업 파트너와 그 경영진의 평판을 검토하는 것도 매우 중요하다.

평판 실사는 대차 대조표에 드러나지 않는 '부외 위험(off-balance sheet risk)'이나 법률 및 재무 실사로도 발견되지 않은 사업 위험을 파악하는 데 그 목적이 있다. 그래서 평판 실사를 할 때는 합자나 합작, 인수 등의 거래에 관여하는 주요 인물과 조직의 배경, 평판, 경력, 법정 소송 이력 등을 중점적으로 검토한다.

3. 반독점법

'중화인민공화국 반독점법(PRC Anti-Monopoly Law, 이하 반독점법)'은 중국 정부가 10년이 넘는 기간 동안 초안을 작성하고 공개적으로 의견을 수렴한 끝에 2007년 8월 30일에 공포한 법률이다. 2008년 8월 1일부로 시행되었고 현대 중국 사회가 반독점 경쟁법 시대로 진입하는 데 크게 이바지했다는 평가를 받았다.

3.1. 집행 기구

반독점법을 집행하는 것은 국무원이 지정한 반독점 기구(이하 반독점법 집행 기구)다.

반독점법 집행 기구는 필요한 경우, 중앙 정부의 지휘 하에 직접 집행 업무를 시행하도록 성, 자치구, 시 정부에 권한을 위임할 수 있다.

3.2. 독점 행위

반독점법에 따라 독점 행위로 규정되는 행위는 다음과 같다.

3.2.1. 사업자 간의 독점 협의

반독점법[5]은 경쟁 관계에 있는 사업자 간이나 사업자와 거래 상대방 간의 독점 협의를 금지하고 있으나 예외적으로 허용하는 경우도 있다. 이 경우, 사업자에겐 해당 협의가 시장 질서를 저해하지 않는다는 점을 입증할 책임이 있다.

가. 경쟁 업체 사업자 간의 독점 협의

다음과 같이 경쟁 관계에 있는 사업자 간의 협의는 독점 행위로 규정하고 금지한다.

- 상품 가격의 고정 또는 변경 협의

---

5) 독점 계약은 경쟁을 배제하거나 제한하는 협약, 결정, 공동 행위 등을 말한다.

- 상품의 생산 수량 또는 판매 수량 제한 협의
- 판매 시장이나 원자재 수급 시장의 분할 협의
- 신기술과 첨단 설비 구매 제한 또는 개발 제한 협의
- 거래 거부 협의
- 반독점법 집행 기구가 반독점 협의로 간주하는 기타 협의

나. 사업자와 거래 당사자 간의 독점 협의

중국 반독점법은 다음과 같은 사업자와 거래 상대방 간의 협의를 독점 행위로 규정하고 금지한다.

- 제3자에 대한 상품 재판매 가격의 고정 협의
- 제3자에 대한 최저 재판매 가격의 제한 협의
- 반독점법 집행 기구가 반독점 협의로 간주하는 기타 협의

다. 반독점법이 적용되지 않는 예외 사항

시장 경쟁을 심각하게 제한하지 않고 소비자에게 편익을 제공할 수 있으며, 다음과 같은 목적으로 이루어지는 협의임을 사업자가 입증할 수 있다면 금지되지 않는다.

- 기술 혁신이나 신제품 연구 개발을 위한 협의
- 제품 품질 개선, 비용 절감, 효율 증진, 상품 규격과 표준의 통일, 분업의 전문화에 관한 협의
- 중소기업의 경영 효율성 제고와 경쟁력 강화를 위한 협의
- 에너지 절약, 환경 보호, 이재민 구호 등 공익을 증진하기 위한 협의
- 경기 침체로 급감한 매출이나 과잉 생산 문제를 해결하기 위한 협의

그뿐만 아니라 다음에 해당함을 입증할 수 있는 협의도 독점 행

위로 간주되지 않는다.

- 대외 무역이나 대외 경제 협력에서 정당한 이익을 보장하기
  위한 협의
- 법률과 국무원이 규정하는 기타 협의

3.2.2. 사업자의 시장 지배 지위 남용

가. 시장에서 차지하는 우월적 지위를 이용한 사업자의 남용 행위
반독점법은 사업자가 다음과 같은 행위로 시장 지배 지위
(dominant market position)를 남용하는 것을 금지한다.
- 부당하게 높거나 낮은 가격으로 상품을 판매하거나 구매하
  는 행위
- 정당한 이유 없이 원가보다 낮은 가격으로 제품을 판매하
  는 행위
- 정당한 이유 없이 거래를 거부하는 행위
- 정당한 이유 없이 거래 상대방에게 자신 또는 자신이 지정
  한 사업자와 배타적 거래를 강요하는 행위
- 정당한 이유 없이 끼워 팔기나 불합리한 거래 조건을 강요
  하는 행위
- 정당한 이유 없이 동등한 지위의 거래 상대방에게 가격 또
  는 기타 거래 조건을 차별적으로 적용하는 행위
- 반독점법 집행 기구가 시장 지배 지위의 남용으로 간주하
  는 기타 행위

나. 시장 지배 지위의 정의
'시장 지배 지위'란 시장에서 상품의 가격, 수량, 기타 거래 조

건을 조절하거나, 다른 사업자가 해당 시장에 진입하는 것을 봉
쇄하거나 방해할 수 있는 사업자가 지닌 우월한 지위를 말한다.

다음 기준 가운데 하나라도 해당하는 사업자는 사실이 아님을 입
증할 수 없는 한 시장 지배 지위에 있다고 간주된다.

· 1개 사업자의 관련 시장 점유율이 1/2 이상인 상황.
· 2개 사업자의 관련 시장 점유율이 2/3 이상인 상황. 단, 이 가
  운데 1개 사업자의 시장 점유율이 10% 미만인 경우에는 해당
  되지 않음.
· 3개 사업자의 관련 시장 점유율이 3/4 이상인 상황. 단, 이 가
  운데 1개 사업자의 시장 점유율이 10% 미만인 경우에는 해당
  되지 않음.

3.2.3. 경쟁을 배제하거나 제한할 수 있는 사업자 집중 행위

사업자 집중 수준이 국무원이 규정한 보고 기준에 달할 경우, 사
업자는 반독점법 집행 기구[6]에 사전 보고해야 한다. 보고하지 않을
경우, 사업자 집중 자체가 금지된다.

가. 사업자 집중의 정의

반독점법에 따라 다음에 해당하는 행위는 사업자 집중으로

---

6) '반독점법'의 시행 세칙에 따르면 집중 행위에 참여한 사업자가 2개 이상이며 중국에서 전 회
   계 연도에 집중 행위로 기록한 매출 합계가 4억 위안을 초과하고 다음 제한 가운데 하나라도
   해당하는 사업자는 그 사실을 반독점 당국에 사전 신고해야 한다.
   · 관련 사업자 모두 전 세계 매출액이 100억 위안을 초과하는 경우
   · 중국 전국에서 기록한 매출액이 20억 위안을 초과하는 경우

간주된다.

- 사업자 간 합병
- 지분이나 자산 취득을 이용하여 다른 사업자에 대한 통제권을 확보하는 행위.
- 계약 등의 수단을 이용하여 다른 사업자에 대한 통제권을 확보하거나 다른 사업자에게 결정적 영향을 미치는 행위.

나. 보고 대상이 아닌 사업자 집중 행위

다음에 해당하는 사업자 집중 행위는 반독점법 집행 기구에 보고하지 않아도 된다.

- 사업자 집중의 당사자인 1개 사업자가 행사할 수 있는 다른 모든 당사자의 의결권 지분이나 자산 비율이 1/2을 넘는 경우.
- 사업 집중의 당사자가 아닌 사업자가 행사할 수 있는 다른 모든 당사자의 의결권 지분이나 자산 비율이 1/2을 넘는 경우.

3.2.4. 행정 권력의 남용에 의한 경쟁 제한

반독점법은 행정 기관이나 법제도 혹은 행정 규정에 의해 공공사무를 담당하도록 권한을 부여 받은 조직이 다음과 같이 권한을 남용하는 것을 금지한다.

- 조직이나 개인에 지정 사업자가 제공하는 상품을 구매, 사용하도록 강제하거나 경영, 구매, 상품 사용을 어떠한 형태로든 제한하는 행위.
- 지역 간 자유로운 상품 유통을 방해하는 행위.

· 해당 지역 입찰에 타 지역 사업자가 참여하지 못하도록 하거나 참여를 제한하는 행위. 예를 들어 차별적인 품질 기준이나 평가 기준을 강요하거나 부당한 방식으로 정보를 공개하는 행위가 해당된다.

· 해당 지역에 타 지역 경영자가 투자하거나 지점을 설립하는 것을 거부, 혹은 제한하는 등 해당 지역 사업자와 비교하여 부당하게 취급하는 행위.

· 법이 금지하는 독점 행위를 하도록 사업자에게 강요하는 행위.

· 경쟁을 배제하거나 제한하는 법 조항을 제정하는 행위.

3.3. 법적 책임

3.3.1. 불법 독점 행위에 대한 처벌

반독점법이 규정하는 불법 독점 행위에 대한 처벌은 표 6.2.를 참조하라.

행위	처벌		
	행정 명령	복구 조치	과징금
독점 협의를 그대로 실행한 경우	불법 행위 중지	불법 이익 몰수	전년도 매출의 1~10%
독점 협의를 실행하지 않은 경우	해당 사항 없음	해당 사항 없음	최대 50만 위안
시장 지배 지위의 남용	불법 행위 중지	불법 이익 몰수	전년도 매출의 1~10%
사업자 집중	불법 행위 중지	지분이나 자산 처분, 사업 양도, 기한 내에 사업자 집중 이전 상황으로 시장을 복구하는 데 필요한 조치	최대 50만 위안

[표 6.2] 독점 행위에 대한 처벌

3.3.2. 분쟁 해결

반독점법 집행 기구가 결정한 내용에 대해 이의가 있을 경우, 관련법에 따라 행정 재심사를 신청하거나 행정 소송을 제기할 수 있다. 단, 사업자 집중을 금지하는 결정에 불복하는 경우에는 행정 소송을 제기하기 전에 행정 재심사를 신청해야 한다.

7장

지급 불능 또는 파산

Insolvency and Bankruptcy

사실상 지급 불능 상태에 빠진 국유 기업이 다수인 중국에서 지급 불능과 기업 파산은 매우 민감한 사안이다. 현행 '중화인민공화국 기업 파산법(PRC Enterprise Bankruptcy Law, 이하 파산법)'은 2007년 6월 1일부로 시행되었다.

1. 범위와 적용

파산법은 민간 기업과 국유 기업, 금융 기관, FIE를 막론하고 지급 불능 상태이거나 그러한 위험이 있는 기업 전반에 적용된다. 하지만 개인이나 대표 사무소, 지점에는 적용되지 않는다.

파산법은 그에 따라 개시된 파산 절차가 중국 영토 밖에 있는 채무자의 재산에도 효력이 있다는 점을 명시한다. 또한 특정 상황에서 청원이 있을 경우, 중국 내의 재산에 관해 외국 법원이 내린 파산 판결을 인민법원이 인정하고 집행하도록 허용한다.

2. 파산 절차의 개시

중국의 파산법은 자의와 타의에 의한 파산 신청을 모두 허용한다. 파산 절차는 인민 법원에 구조조정, 채무 조정(settlement), 파산 청산(liquidation) 등의 신청을 제기하는 것으로 시작된다. 각각의 상황에서 신청을 제기할 수 있는 당사자는 다음과 같다.

2.1. 채무자

자산이나 유동성(liquidity)이 부족하여 만기일이 도래한 채무를 변제할 수 없음을 입증할 수 있는 채무자는 구조조정, 채무 조정, 파산 청산을 신청할 수 있다. 향후 지급 불능 상태에 빠질 가능성이 있는 채무자 역시 구조조정을 신청할 수 있다.

2.2. 채권자

채무자가 만기일이 도래한 채무를 변제하지 못할 경우 채권자가 인민 법원에 채무자의 구조조정이나 파산 청산을 신청할 수 있다.

2.3. 기업 청산에 책임이 있는 당사자

법인 기업이 청산 절차를 거치지 않고 해산되고 그 자산이 만기일이 도래한 채무를 변제하기에 부족할 경우 기업 청산의 책임이 있는 당사자가 인민 법원에 파산 청산 신청을 제기해야 한다.

인민 법원이 파산 신청을 거부하고 신청자가 그러한 결정에 불복할 경우, 상급 인민 법원에 상소를 제기할 수 있다.

3. 파산 관리인

파산 신청이 인정되면 인민 법원은 독립적인 파산 관리인을 지정한다. 파산 관리인은 관련 부문이나 조직의 구성원으로 이루어진 청산인단, 법무법인, 회계법인, 청산 업무 기관 등 중재 기관에 의해 해임이 가능하다.

독립적인 파산 관리인은 채무자의 재산과 자산을 관리하고 처분할 책임이 있다. 또한 채무자가 체결했으나 아직 이행하지 않은 계약을 그대로 추진할 것인지 종료할 것인지 결정할 권한을 위임 받는다. 구조조정의 경우, 독립적인 파산 관리인은 구조조정이 실행된 후 채무자의 경영 현황을 감독하고 이를 채권자와 인민 법원 양측에 보고할 의무가 있다.

4. 채무자의 재산

인민 법원이 파산 신청을 받아들인 날을 기준으로 채무자가 보유하거나 그 이후에 취득한 재산은 모두 채권자에게 배분할 수 있다. 이러한 재산에는 부동산, 주식, 미수금, 지적 재산, 거래 취소를 통해 회수한 재산 등이 포함된다.

지정된 파산 관리인은 파산 신청이 승인된 날부터 1년 이내에 채무자의 재산과 관련하여 다음과 같은 처분 행위가 이루어졌을 때 이를 철회하도록 요청할 수 있다.

· 재산을 무상 양도한 경우.

· 명백히 불합리한 가격으로 자산을 거래한 경우.
· 담보가 설정되지 않은 채무에 대하여 담보를 제공한 경우.
· 만기일이 도래하지 않은 채무를 변제한 경우.
· 채권을 포기한 경우.

또한 독립적인 파산 관리인은 파산 신청이 승인되기까지 6개월 동안 채무자가 파산 신청을 제기할 수 있는 기준에 부합하게 된 경우, 그 기간 안에 특정 채권자에게 변제한 금액을 회수하도록 요청할 수 있다. 이때 채무자에 금전적인 이득을 준 변제는 제외한다.

5. 구조조정

중국의 파산법은 궁지에 처한 기업이 구조조정 시스템을 채택하여 파산을 면할 수 있도록 한다. 구조조정 신청은 채무자, 채권자, 또는 등록 자본금 가운데 10% 이상의 지분을 소유한 투자자의 요청에 따라 제기할 수 있다.

채무자나 독립 파산 관리인은 인민 법원이 구조조정 판결을 내린 날로부터 6개월 이내에 인민 법원에 사업 구조조정 계획서를 제출해야 한다. 신청서를 접수한 인민법원은 채권단 회의를 소집하고 그 계획에 대한 승인 여부를 결정해야 한다. 채권단 회의에서 통과되든 거부되든 인민법원이 승인하면 그 구조조정 계획서는 승인된 것으로 간주한다. 구조조정 계획서가 승인되지 않을 경우 구조조정 절차가 종료되며 채무자는 파산을 신청해야 한다. 구조조정 계획이 승인되면 채무자는 독립 파산 관리인의 감독에 따라 계획을 실행할 의무가 있다.

6. 채무 조정

파산법에 따르면 채무자는 즉시 인민 법원에 미상환 채무 조정을 신청할 수 있다. 인민 법원이 파산 신청을 받아들여도 파산 선고를 하기 전까지는 채무를 조정할 수 있다.

미상환 채무를 조정하려면 채무자는 인민 법원에 청산 요청서(the settlement proposal)를 제출하여 심사를 받고 채권단 회의에서 의결에 부쳐야 한다. 이때 회의에 참석하였고 의결권이 있으며 채권액이 무담보 재산 채권 총액의 2/3 이상인 채권자 가운데 과반수가 채무 조정 신청을 승인하면 통과된 것으로 간주한다. 채권단 회의에서 채택된 채무 조정 신청은 인민 법원의 승인을 받아야 한다. 인민 법원에서도 승인되면 채무자는 그에 명시된 조건에 따라 채무를 변제해야 한다. 채무 조정 신청이 채권단 회의에서 통과되지 않거나 통과는 되었으되 인민 법원에서 승인되지 않은 경우 인민 법원은 채무 조정 절차를 종료하고 채무자는 파산을 선언해야 한다.

7. 우선 변제권

채무자의 재산은 채권단 회의에서 달리 결정되지 않는 한 입찰을 통해 매각되며 채무자의 기업은 전체 또는 부분 매각된다. 이러한 대금에서 파산 비용과 파산 절차 동안 채권자 공동의 이익을 위

해 발생되는 공익 채무(joint interest debt)를 사전 공제한 후에 다음
과 같은 순서에 따라 처리하도록 한다.

가. 채무자가 체납한 종업원 급여, 의료비, 상해 및 장애 보조금,
   유족 보상금. 채무자가 종업원 개인 계좌로 지급하지 않은 기
   초 연금이나 건강 보험료 분담금. 법과 행정 규칙에 따라 채
   무자가 종업원에게 지급해야 하는 기타 보조금.
나. 전항에 명시되지 않은 미지급 사회 보장 보험료 및 기타 체납
   세액.
다. 보통 채권

채무자의 자산이 이러한 지급 순서에 따라 채무를 변제하기에 불
충분할 경우, 배당률에 따라 채무를 변제해야 한다.
채무자에게 배당할 자산이 전혀 없을 경우, 독립 파산 관리인은
파산 절차를 종료할 것을 요청해야 한다. 파산 절차 종료일로부터 2
년 이내에 추가 자산이나 회수 가능한 자산이 발견되면 채권자는 인
민 배당에 그에 대한 배당을 요청할 수 있다.

8 장

산업 재산 및 지적 재산

Industrial and Intellectual Property

이제까지 다른 국가에서 지적 재산권을 보호한 역사와 비교해 볼 때 중국에서는 지적 재산권 보호에 대한 인식이 상당히 늦어진 편이다. 지적 재산권이라는 개념 자체는 1980년대에 생겼으나 최근에서야 급진전되었다. 현재 중국의 지적 재산권 보호 시스템은 다양한 분야에 두루 적용하는 방향으로 진화했고 국제적으로 통용되는 기준과도 상당 부분 일치한다. 그럼에도 중국에서 그러한 기준을 시행하는 데는 여전히 심각한 걸림돌이 몇 가지 존재한다.

중국의 법규는 지적 재산권 보호에 관한 주요 사안을 다루고 있다. 정부는 '중화인민공화국 상표법(PRC Trademark Law)', '중화인민공화국 특허법(PRC Patent Law)', '중화인민공화국 저작권법(PRC Copyright Law)' 등 일련의 국내법을 공포하고 시행했다. 그 이외에도 관련 조례와 시행 규칙, 사법 해석이 중국의 지적 재산권 보호에서 중요한 역할을 한다.

중국은 지적 재산권 보호에 관한 국내법을 공포하는 것 이외에도 그와 관련된 일련의 국제 관행을 받아들였다. 1980년대에 세계지식재산기구(the World Intellectual Property Organization, WIPO)

의 회원국이 된 데 이어 중국은 1985년 ‘파리 협약’, 1989년 ‘마드리드 의정서’, 1992년 ‘베른협약’, 1994년 ‘특허 협력 조약(Patent Cooperation Treaty)’, 2001년 ‘세제 무역 기구 무역 관련 지적 재산권에 관한 협정(Trade-related Aspects of Intellectual Property Rights under the WTO)’ 등에 가입했다.

중국은 행정 보호와 사법 보호라는 이중 보호 체계를 채택하고 있다. 관련 행정 당국은 지적 재산권을 등록하고 지적 재산권 보유자 또는 보유 예정자의 불만 사항을 처리하는 일을 담당한다. 중국 세관 역시 국경 지역에서의 지적 재산권 보호에 중요한 역할을 하며 지적 재산권을 침해하는 제품을 몰수하거나 입찰에 부치거나 폐기할 수 있다. 중국 법원은 지적 재산권 침해와 관련된 법정 소송을 담당한다.

현재 중국에서 보호 대상인 지적 재산권으로는 상표권, 특허권, 저작권, 노하우(영업 기밀) 등이 있다. 이러한 권한은 제각기 다른 성격을 지니며 적용되는 법규도 다르므로 보호하는 방식도 각기 다르다. 자세한 내용은 다음에서 살펴보자.

1. 상표

1.1. 입법 역사

현행 ‘중화인민공화국 상표법’이 채택된 것은 1982년이다. 이는 그 이후 1993년과 2001년에 각각 개정되었다. 2002년 8월 중국 정부는 ‘상표법 시행에 관한 규칙(Rules of Implementation of the Trademark Law)’를 개정하고 이를 ‘중화인민공화국 상표법 시행 조례(PRC Trademark Law Implementing Regulations)’로 지칭했다. 통일성을 부여하기 위해 국가 공상 행정 관리 총국은 ‘중화인민공화국 유명 상표의 인정과 보호 조항(PRC Provisions on the Recognition and Protection of Well-known Trademarks)’, ‘중화인민공화국 상표 평가 규칙(PRC Trademark Assessment Rules)’ 등 관련 규칙과 조례를 개정했다. 파리 협약과 마드리드 의정서는 중국의 지적 재산권 보호 입법 관계자에게 유용한 지침이 되고 있다. 국가 행정 관리 총국 산하의 중국 상표청(China Trade Office)는 상표 관련 사안을 담당하는 행정 기구다.

1.2. 등록할 수 있는 상표

1.2.1. 등록할 수 있는 상표의 유형

중국 법은 제품과 서비스 상표, (단체, 협회, 기타 기관을 대신하여 등록되었으며 해당 조직의 구성원이 사용하는) 단체 표장, (제품이나 서비스를 감독하는 조직이 관리하며 그러한 조직 이외의 기업이나 개인이 원료나 제조 방식, 원산지, 품질, 기타 특성을 인증하기 위해 취급 제품이나 서비스에 사용하는) 인증 표장 등을 상표로 인정한다.

담배나 그와 관련된 제품을 제외하고는 상표를 등록하는 것이 의무 사항은 아니다. 단, 적법하게 등록된 상표만이 중국의 상표 법규에 따라 보호받을 수 있다. 등록되지 않았으나 사용되는 상표는 ‘중화인민공화국 반불공정 경쟁법(PRC Anti-Unfair Competition Law)’에 따라 보호받을 수 있지만 이는 상대적으로 실효성이 떨어진다.

1.2.2. 등록할 수 있는 상표의 요건

시각적으로 인식이 가능한 상표만 등록할 수 있다. 이는 중국의 상표법과 다른 국가 상표법 간의 차이가 극명히 드러나는 부분이다. 이러한 요건에 따르면 음원이나 향은 중국에서 상표로 등록할 수 없는 것이다.

등록이 가능한 상표는 고유해야 하며 다른 개인이나 조직이 사용하는 상표와 명확히 구분되어야 한다. 상표를 구성하는 요소는 단어, 도형, 글자, 숫자, 3차원 표식, 색상이 있으며 이러한 요소가 개별적으로 혹은 조합해서 쓰인다.

중국 상표법에 따라 상표로 사용할 수 없으므로 등록이 불가능한 것은 다음과 같다.

- 법을 위반하거나 미풍양속을 해치는 표장.
- 중국, 외국, 기타 국제기구의 명칭, 국기, 국장, 휘장 군기 등과 동일하거나 유사한 표장.
- 인종 차별적인 내용을 담은 표장.
- 특성을 과장하거나 기만하는 표장.

다음은 상표로 등록할 수 있는 표장으로 사용함으로써 뚜렷한 특징이 생기고 식별이 용이하다.

- 해당 제품에만 통용되는 명칭이나 도형.
- 제품의 품질, 주원료, 효능, 용도, 중량, 수량 등의 특징을 직접적으로 나타내는 표장.
- 뚜렷한 특징이 없는 표장.
- 현(顯)급 이상의 행정 지역 지명이나 잘 알려진 외국 지명. 단, 그 지명에 별도의 의미가 있는 경우는 이에 해당되지 않는다.

1.2.3. 유명 상표

중국은 관련된 국제 협약이 부과하는 의무를 준수하기 위하여 유명 상표를 보호하는 시스템을 도입했다. 유명 상표 보호는 일반 등록 상표에 비해 좀 더 포괄적으로 적용된다. 단, 일반적으로 유명하지 않은 등록 상표의 소유자는 동일하거나 유사한 제품 혹은 서비스에 한해서만 사용을 금할 수 있다. 반면 유명 상표의 소유자는 자신이 소유한 것과 동일하거나 유사한 모든 제품 혹은 서비스의 사용을 금할 수 있다. 또한 등록되지 않았더라도 유명 상표의 소유자는 추가로 보호받을 수 있는 권리를 누린다.

2003년 국가 행정 관리 총국은 유명 상표의 승인과 보호에 관한 특별 조항을 제정했으나 유명 상표인지 여부는 사안에 따라 별도로 결정된다. 한 판례에서 유명 상표로 인정받았다고 해서 다른 경우에도 반드시 인정받는 것은 아니다. 기존의 판결 내용은 유명 상표임을 뒷받침하는 근거로만 사용될 뿐이다.

유명 상표 여부를 결정하는 과정에는 다음 요인을 감안한다.

· 해당 상표에 대한 관련 부문 종사자의 인지도
· 해당 상표가 지속적으로 사용된 기간.
· 해당 상표가 광고된 기간, 정도 및 그러한 광고의 지리적 범위.
· 유명 상표로서 보호받은 기록.
· 해당 상표의 명성을 입증하는 기타 요인.

1.3. 상표의 등록

중국에서 상표 등록은 '선출원 원칙'을 토대로 한다. 국제적으로 사용될 가능성이 있다고 판단되는 상표는 마드리드 의정서에 따라 국제 출원하거나 중국 상표청에 직접 출원할 수 있다. 출원인은 '제품과 서비스의 국제 분류(International Classification of Goods and Services)'에 따라 상품을 등록 출원해야 한다.

상표의 등록 절차는 출원, 심사, 공고, (해당되는 경우) 이의 제기, 등록이나 등록 거부, 법정 분쟁 등의 단계로 구성되며 2년 정도가 걸린다.

등록된 상표는 등록일로부터 10년 동안 유효하며 이후 등록을 갱신할 수 있는 유효 기간은 10년이다.

1.4. 상표 등록인의 권리

상표 등록인은 등록된 상표를 대상 제품과 서비스에 배타적으로 사용할 수 있는 권리가 있다. 또 타인이 등록 대상과 동일하거나 유사한 제품, 서비스에 역시 동일하거나 유사한 상표를 사용하는 것을 금할 수 있다. 유명 상표로 인정된 경우, 유사하지 않은 제품이나 서비스에도 타인이 그러한 상표를 사용하지 못하도록 할 수 있다.

상표 등록인은 상표 사용권 계약에 따라 등록 상표에 대한 사용권을 타인에 양도할 수 있다. 이때 상표 사용권 계약서를 상표청에 제출해야 한다. 등록 상표 소유자는 사용자가 해당 등록 상표를 부착하는 제품의 품질을 감독할 의무가 있다.

단, 상표법은 상표 등록인의 권리를 일부 제한하고 있다. 등록인은 자신의 권리를 행사하는 과정에서 저작권, 특허권, 기업 명칭 등 타인의 선행권(prior rights)을 침해하지 않아야 한다. 이를 침해당한 사람은 관련 법원에 상표 등록인을 고소할 수 있다.

1.5. 보호와 집행

1.5.1. 침해

가장 흔히 일어나는 침해 행위는 다음과 같이 소유자의 동의 없이 등록 상표를 사용하는 행위다.

- 등록 상표와 동일하거나 유사한 표장을 역시 동일하거나 유사한 제품에 사용하는 행위.
- 타인의 상표권을 침해하는 표장이 부착되었음을 알고도 제품을 판매하는 행위.
- 타인의 등록 상표를 무단으로 위조하거나 위조하여 판매한 경우.
- 무단으로 등록 상표를 변경하고 변경된 상표가 부착된 상품을 유통하는 행위.
- 등록 상표를 사용하여 타인의 전용권을 해치는 기타 행위.

1.5.2. 분쟁 해결

등록 상표의 침해와 관련하여 분쟁이 발생하는 경우, 당사자 간 협상으로 이를 해결할 수 있다.

당사자 가운데 일방이 협상을 거부하거나 협상 이후에도 합의점을 찾지 못할 경우, 상표 등록인은 소재지의 상무 주관 부서에 불만을 제기하거나 침해 사실을 신고하여 침해한 당사자에 침해 행위를 즉각 중단하도록 명령하고 해당 상표가 부착된 제품 및 침해 상품 제조에 사용된 수단을 몰수하고 폐기할 것을 요청할 수 있다.

상표 등록인은 또한 소재지 법원에 배상 청구 소송을 제기할 수 있다. 배상 금액은 침해한 당사자가 상표권 침해로 취득한 수익이나 그에 따라 등록인이 입은 손해를 토대로 결정된다. 단, 그러한 수익이나 손해를 산정하기 어려울 때는 해당 법원이 배상 금액을 결정한다. 이때 인민 법원이 침해 상황에 따라 명령하는 배상 금액은 50만 위안을 초과할 수 없다.

1.6. 외국인 상표 등록 출원인에 관한 특별 조항

중국에서 상표 등록을 출원하는 사람이나 기업이 외국 국적일 때 다음 사안을 감안해야 한다.

- 외국인 출원인은 관련된 국제 협약이나 상호주의 원칙에 따라 등록을 처리해야 한다.
- 외국인 출원인은 중국 당국이 인정하는 상표 대리인을 지정하여 등록 업무를 진행하여야 한다. 또한 등록 업무는 중국어로 처리해야 한다.
- 외국에서 먼저 등록한 상표의 경우, 최초 등록 출원한 날로부터 6개월 이내에 출원인이 중국에서 동일 상품에 대해 동일 상표 등록 출원하면 해당 국가와 중국이 체결한 합의와 공동 가입한 국제조약 또는 상호 승인한 우선권의 원칙에 따라 우선권을 향유할 수 있다.

2. 특허

2.1. 입법 역사

중국 정부가 1980년 중국 특허청을 설립한 이후로 중국의 특허 보호 시스템은 계속해서 발전하고 있는 추세다. 중화인민공화국 특허법(PRC Patent Law)이 1985년 통과된 이후 각각 1992년, 2000년, 2008년에 개정되었다. 특허법 이외에도 '중화인민공화국 특허법 시행 규칙(PRC Patent Law Implementing Rules, 2001년 개정)', '특허권의 세관 보호 시행에 관한 중화인민공화국 조례(PRC Regulations on the Implementation of Customs Protection of Patent Rights)' 등 관련 시행 규칙과 조례가 제정되었다. 이러한 법규는 대체적으로 유럽의 특허법을 토대로 하고 있다. 중국은 특허권 보호에 관한 국제 협약에도 가입했다. 1994년 '특허 협력 조약'에 가입했으며, 앞서 언급했듯이 기타 국제 협약에도 가입했다.

국가지식산권국(the State Intellectual Property Office, 이하 SIPO)은 특허법에 따라 특허 등록을 비롯하여 전국의 특허 업무를 담당하는 기관으로 지정되었다. 지방에서는 SIPO의 관할 기구가 특허나 지적 재산권 업무를 담당하도록 지정되었다.

2.2. 특허권 보호

2.2.1. 특허의 종류

일반적으로 중국 법의 보호를 받는 특허에는 제품 특허와 공정 특허가 있다. 특허법은 다음과 같이 특허를 분류한다.

- 발명 : 제품이나 공정과 관련이 있거나 그 개선을 목적으로 한 신기술 방안.
- 실용신안 : 제품의 형태, 구조, 조합에 관한 신기술 방안으로 실제 사용에 적합한 것.
- 의장 : 제품의 형태, 패턴, 미학적인 특징에 관한 새로운 설계

로 실제 사용에 적합한 것.

2.2.2. 수여 요건

기술이나 설계를 특허로 출원하려면 몇 가지 수여 요건을 충족해야 한다. 그러나 이러한 요건은 특허의 종류에 따라 다르다. 발명과 실용신안은 참신성, 창조성, 실용성 요건을 충족해야 하는 반면에 의장은 참신성 요건만 충족하면 된다.

2.2.3. 특허로 보호받을 수 없는 품목

특허법에 따르면 일부 품목은 위와 같은 수여 요건을 충족할지라도 중국 특허 시스템의 보호를 받을 수 없다. 그러한 품목은 다음과 같다.

- 법규에 위반되는 품목
- 과학적인 발견
- 지적인 활동의 법칙과 과정
- 질병의 진단과 치료 방법
- 동식물의 품종. 단, 품종을 개발하는 데 사용된 방법은 특허를 받을 수 있다.
- 원자핵 변환으로 얻은 물질
- 패턴, 색상 또는 그 두 가지의 식별을 위해 평면 인쇄물에 사용되는 디자인

2.2.4. 특허권자

특허권자는 특허 창출과 관련된 상황에 따라 다르다. 해당 특허

가 고용 관계에서 창출되거나 2인 이상에 의해 창출되었을 때 특허 권자를 결정하기가 어려워질 수 있다.

가. (발명, 실용신안, 의장 등을 두루 가리키는) 발명 창조 : 발명이 고용 관계에서 창작되었거나 주로 고용주의 원료와 기술을 이용하여 창작된 경우에는 고용주가 특허를 출원하고 특허권자가 될 권리를 지닌다. 경우에 따라서는 특허의 소유권이 고용주와 근로자의 합의에 따라 결정되기도 한다.
나. 공동 발명 창조 : 발명 창조가 공동 노력에 의한 것이라면 특허권도 공동으로 소유하게 된다. 그러나 공동 발명 창조가 관여한 당사자나 조직 간 계약에 의한 것이라면 소유권은 개인에 있는 것으로 간주한다.
다. 의뢰에 따른 발명 창조 : 발명 창조가 다른 조직이나 개인의 의뢰에 따라 어떤 조직이나 개인의 작업으로 이루어진 것일 경우, 특허를 출원하고 특허권자가 될 수 있는 권리는 실제 발명자에게 있다. 물론 당사자 간 합의에 따라 소유권이 달리 결정될 수도 있다.

2.3. 특허 출원

2.3.1. 절차

특허 등록 절차는 일반적으로 출원, 주무 당국의 심사, 승인 여부 결정 단계로 이루어진다. 승인을 받지 못할 경우, 출원인은 재심사를 신청할 수 있으며 재심사를 받았으나 승인을 받지 못할 경우, 법원에 불복 소송을 제기할 수 있다.

출원인은 해당 특허를 SIPO에 국내 출원하거나 특허 협력 조약에 따라 국제 출원할 수 있다. 그러나 특허 협력 조약은 발명과 실용신안의 특허 출원에만 적용된다.

특허 등록은 '선출원 원칙'을 토대로 한다. 발명의 특허권 등록 절차는 출원일로부터 약 2~3년, 실용신안은 8~16개월, 의장은 6개월이 걸린다.

발명의 특허권의 기한은 출원일로부터 20년이며 실용신안 특허권과 의장 특허권의 기한은 10년이다.

1차 특허 출원 서류의 부본을 제출한 날을 1차 출원일로 간주한다. 우선권 순위는 자동적으로 결정되지 않는다. 출원인이 우선권을 요구하려면 출원 시 서면 진술서를 제출해야 하며 규정된 기간 내에 처음에 제출한 특허 출원 서류의 부본을 제출하여야 한다.

2.4. 특허권자의 권리

2.4.1. 보호 범위

특허권이 수여되면 소유자는 다음 권리를 누릴 수 있게 된다.

- 특허 서류에 발명인의 성명을 명시할 수 있다.
- 제품이나 제품 포장에 특허를 받은 사실을 명시할 수 있다.
- 특허를 받은 제품을 제조, 판매, 사용, 수입할 수 있으며, 특허를 받은 공정을 사용할 수 있다. 또한 특허 공정을 직접 이용하여 제조한 제품을 수입할 수 있다. (사용권 계약을 통해) 타인에게 이러한 권리를 위임할 수 있으며 그를 통해 로열티를 거둬들일 수 있다. 타인이 승인 없이 이러한 권리를 이용하지 못하도록 금할 수 있다.
- 특허권을 양도할 수 있다.

제3자에게 특허 사용권을 부여하는 것은 특허권자의 재량에 달려 있다. 그러나 다음의 경우에는 특허권자가 발명이나 실용신안 특허의 사용권을 제3자에게 무조건 부여해야 할 수도 있다. 이를 특허 사용권의 강제 허가라고 한다.

가. 특허권이 수여된 날로부터 3년 후, 그리고 특허 출원일로부터 4년 후까지 특허권자가 정당한 사유 없이 특허를 시행하지 않거나 충분히 시행하지 않았을 경우.

나. 특허권자의 특허권 행사가 독점 행위로 간주되어 그러한 행위가 경쟁에 끼치는 악영향을 근절하거나 경감해야 한다고 판단될 때.

다. 국가에 비상 상황이 발생하여 예외적인 상황으로 판단되거나 공공 이익을 고려해야 할 때.

라. 공공 보건을 위해 특허권을 취득한 약품을 제조하고, 중국이 가입한 관련 국제 협약의 약정에 부합되는 국가 또는 지역에 수출해야 할 때.

마. 특허를 받은 발명이나 실용신안을 개선하기 위해 이전에 등록된 특허를 사용할 필요가 있을 때.

강제 허가 조치를 취하는 데는 아래와 같이 몇 가지 요건과 제한이 있다.

· 강제 허가의 대상이 반도체 기술일 경우, 공익을 위해 필요하거나 위의 나.에 해당하는 목적일 때만 강제 허가를 시행할

수 있다.

- · 위의 나와 다에 언급된 상황을 제외하면 강제 허가는 국내 시장에 공급되는 발명이나 실용신안에 대해서만 시행할 수 있다.
- · 앞서 가와 라의 이유로 강제 허가의 시행을 신청한 기업이나 개인은 특허권자와 합리적인 기한 내에 합리적인 조건으로 사용권 계약을 체결할 수 없었음을 입증해야 한다.
- · 강제 허가를 시행할 이유가 더 이상 존재하지 않으면 즉시 시행을 중단해야 한다.
- · 강제 허가 조치로 특허 사용권을 얻은 기업이나 개인은 특허권자에게 합리적인 사용료를 지급하거나, 중국이 가입한 국제 조약의 규정에 따라 사용료를 지급해야 한다. 강제 허가로 얻은 특허 사용권을 제3자에게 재양도하는 것도 금지된다.

2.5. 보호와 집행

2.5.1. 침해

발명과 실용신안에 대한 보호 범위는 출원 시 제출된 자료에 따라 다르며 출원인이 제출한 보호 청구서의 내용에 의해 결정된다. 이때 청구서의 내용은 설명과 첨부된 도안을 의미한다. 의장의 경우, 해당 의장을 사용한 제품에 대한 언급과 첨부 도안이나 사진으로 보호 범위가 결정된다.

가장 흔한 특허권 침해 행위로는 개인이 생산이나 사업 목적으로 특허권자의 승인 없이 특허 제품을 제조, 사용, 영업, 판매, 수입하거나 특허 공정을 직접 이용하여 제조한 제품을 사용, 영업, 판매, 수입하는 것이 있다.

2.5.2. 분쟁 해결

중국 법에 따라 SIPO는 특허권을 침해한 기업에 침해 행위를 즉각 중단하도록 명령할 수 있는 권한이 있다. 또한 침해 행위를 시정할 것을 명령하고 불법 소득을 몰수하며 과태료를 부과할 수 있다. 그러나 공상 행정 관리국과 비교할 때 SIPO는 제한적인 집행 권한만을 행사할 수 있으며 집행한 기간도 짧다. 예를 들어 SIPO는 침해 행위에 사용된 수단을 몰수할 수 있는 권한이 없으며 심사나 조사도 시행할 수 없다.

특허권자는 SIPO에 불만 사항을 제출하거나 신고하는 것 이외에도 법정 소송을 제기하고 배상금을 청구할 수 있다. 중국 법에서 배상 금액은 특허권자가 입은 손해를 토대로 결정되며, 손해를 산정하기가 어려운 경우 침해 당사자가 침해를 통해 얻은 수익을 기준으로 결정된다. 특허권자의 손해나 침해 당사자가 얻은 수익을 산정하기 어려운 경우에는 해당 특허 사용료의 배수를 참고하여 합리적으로 확정한다. 배상액에는 특허권자가 침해 행위를 제지하기 위하여 지급한 비용도 합리적인 수준으로 포함한다. 특허권자가 입은 손해, 침해 당사자가 얻은 수익과 해당 특허로 얻은 사용료를 파악하기 어려운 경우, 법원은 특허의 종류, 침해의 성격과 세부 사항 등의 요인을 고려하여 배상금 액수를 결정한다. 이때 배상금은 1만 위안 이상, 1백만 위안 이하여야 한다.

특허권자가 법정 소송 이전에 타인이 특허권을 침해함으로써 자신의 권익에 만회할 수 없는 손해를 끼칠 가능성이 있다는 사실을 입증할 수 있다면 해당 행위를 중지시키고 특허권을 보전하기 위해 법원에 중지 명령을 내리도록 요청할 수 있다. 이 경우 특허권자는 청구 시 담보를 제공해야 하며 그러지 않을 경우 해당 청구는 기각된다. 법원은 청구를 접수한 때로부터 48시간 이내에 중지 명령 시행 여부에 대해 결정해야 한다. 특수한 상황으로 기한을 연장해야 할 필요가 있을 때는 최대 48시간까지 연장이 가능하다. 중지 명령이 결정되면 이를 즉시 집행해야 한다. 결정에 불복하는 당사자는 재심을 신청할 수 있다. 재심 기간 동안에도 중지 명령은 철회되지 않는다. 법원이 중지 명령을 내린 날로부터 15일 이내에 특허권자가 법정 소송을 제기하지 않는다면 법원은 중지 명령을 철회해야 한다. 착오에 의해 중지 명령을 청구한 경우, 특허권자는 그러한 중지 명령으로 상대방이 입은 손해를 배상해야 할 책임이 있다.

특허 침해를 중단시키고자 하는 특허권자나 이해 관계자는 침해를 입증하는 증거가 파기될 가능성이 있거나 이를 다시 입수하기 어렵다고 판단되면 법원에 증거 보전 명령을 요청할 수 있다. 이때 법원은 청구인에게 담보를 제공하도록 명령할 수 있다. 청구인이 담보를 제공하지 않을 경우, 해당 청구는 기각된다. 법원은 그러한 청구를 접수한 때로부터 48시간 이내에 결정을 내려야 하며 법원의 증거 보전 명령은 즉시 집행되어야 한다. 청구인이 증거 보전을 결정한 날로부터 15일 이내에 법정 소송을 제기하지 않을 경우, 법원은 해당 명령을 철회한다.

2.6. 외국인의 특허 출원에 관한 특별 조항

- 중국 국적의 개인이나 기업이 특허를 출원할 수 있는 권리나 특허권을 외국 국적의 개인이나 기업에 양도하려면 주무 당국의 승인을 받아야 한다.
- 외국인이나 외국 기업이 중국에서 특허를 출원할 경우, 출원인은 관련 국제 조약이나 상호주의 원칙에 따라 절차를 진행

해야 한다.

· 외국인이나 외국 기업이 중국에서 특허를 출원할 경우, 중국의 주무 당국이 인정한 특허 대행업체를 지정하여 관련 업무를 처리하도록 한다.

· 외국인이 우선권을 향유하려면 발명이나 실용신안의 경우 외국에서 1차로 출원한 날로부터 12개월 이내에, 의장의 경우 6개월 이내에 동일한 주제의 특허를 중국에 출원해야 한다.

3. 저작권

3.1. 입법 역사

중국이 저작권을 보호하기 시작한 시기는 1991년 '중화인민공화국 저작권법(PRC Copyright Law, 이하 저작권법)'이 발효하면서부터다. 최근 수년간 중국은 저작권법을 몇 차례 개정했으며 현재 시행되고 있는 저작권법은 2001년 개정된 것이다. 중국 정부는 '중화인민공화국 저작권법 시행 조례(PRC Copyright Law Implementing Regulatiosn, 2002년)', '저작권의 집단 관리에 관한 중화인민공화국 조례(PRC Regulation on the Collective Administration of Copyright, 2004년)' 등 일련의 조례 역시 공포하였다. 국내법을 제정한 것 이외에도 중국은 1990년대에 베른협약과 '세계 저작권 협약(Universal Copyright Convention)'에 가입했다.

중국 판권국(National Copyright Administration, NCA)는 전국적으로 저작권을 관리하는 기구다. 지방에서는 성급 저작권 관리 부서가 해당 행정 구역의 저작권 관리를 담당한다.

3.2. 저작권 보호

3.2.1. 저작물

저작물의 기준은 고유성이다. 그러나 저작물의 품질에 관한 기준은 없다. 저작권법에 따라 다음과 같은 작품이 저작물로 보호받을 수 있다.

- 문자로 표기된 작품
- 구술로 된 작품
- 음악, 희곡, 곡예[1], 무용, 서커스
- 미술품 및 건축물
- 사진
- 영화 및 영화와 유사한 방식으로 촬영한 작품
- 도형, 지도, 도안, 모형
- 컴퓨터 소프트웨어
- 법규가 규정한 기타 작품

3.2.2. 저작물로 보호받을 수 없는 작품

다음과 같은 작품은 저작권법의 보호를 받을 수 없다.

- 법률, 조례, 정부 기구의 결의, 결정, 명령, 입법, 행정, 사법적인 성격의 문서나 그에 대한 공식 번역본
- 시사 뉴스

---

[1] 곡예는 중국의 공연 예술로서 독백과 대사를 통해 이야기를 서술하는 형태다. 주로 언어로 이야기를 전개하는 일이 많으며 일반적으로 본격적인 연극보다는 단순하다.

· 달력, 숫자로 이루어진 표, 일반적으로 사용되는 양식과 공식
· 법에 의해 배포가 금지된 작품

3.2.3. 자의에 의한 저작권 등록

위에 언급한 요건을 충족하는 작품은 저작물로 등록되는 즉시 출간이나 공개 여부와 상관없이 자동적으로 저작권의 보호를 받을 수 있다. 단, 저작권법은 자의에 의한 저작권 등록을 명시하고 있다. 자의에 의한 저작권 신청서와 NCA가 발급하는 등록증이 그러한 저작권이 존재함을 입증하는 자료로 간주된다.

3.2.4. 저작권의 소유

일반적으로 저작권은 저작자에 속한다. 하지만 다음과 같은 예외도 있다.

가. 고용 관계에서 창작된 저작물
  □ (일부 요건을 충족할 경우) 저작권은 저작자에게 있지만 저작을 사용할 우선권은 저작자의 고용주에게 있다.
  □ (고용주가 책임을 부담하며 고용주가 제공하는 재료와 기술을 주로 사용하여 창작된 공사 설계도, 제품 설계도, 도안, 컴퓨터 소프트웨어 등) 일부 경우, 저작권자는 성명 표시권(right of attribution)만을 향유하며 기타 저작권은 고용주에게 있다. 이때 고용주는 저작권자에게 장려금을 지급하는 것이 보통이다.
나. 의뢰에 따라 창작된 작품 : 저작권은 의뢰를 받은 당사자에게 귀속되나 계약에 따라 달리 귀속될 수도 있다.

다. 그 이외에도 중국의 저작권법에는 공동 또는 집단 저작물, 파생 저작물, 편집 저작물 등 다양한 사안에 대한 조항들이 포함되어 있다.

3.3. 저작권자의 권리

3.3.1. 저작권의 내용

저작권은 인격권과 재산권으로 나뉜다. 인격권으로는 발표권, 성명 표시권, 수정권, 동일성 보호권 등이 있다. 재산권으로는 복제권, 발행권, 대여권, 전시권, 실연권, 방영권, 방송권, 정보 네트워크를 통한 전파권, 촬영권, 개편권, 번역권, 편집권 등이 있다.

공정 이용(fair use)의 경우를 제외하고 저작권자 이외의 사람이 어떤 저작을 이용하려면 재산권자에게 그에 대한 사용권을 얻어야 한다. 일반적으로 저작권자의 인격권을 타인에게 양도하는 것은 불가능하다. 그러나 인격권의 양도 가능성에 관해서는 여전히 논의가 진행되고 있으므로 가까운 시일 내에 이러한 조항이 변경되거나 달리 해석될 가능성도 있다.

3.3.2. 저작권이 제한적으로 적용되는 공정 이용

다른 국가와 마찬가지로 중국 역시 개인의 이익과 공공의 이익 간에 조화를 맞추기 위해 저작권의 공정 이용 시스템을 도입했다. 어떤 개인이 발표된 저작물을 특수한 목적으로 사용할 경우, 저작권자에게 허가를 받거나 사용료를 지급하지 않아도 되는 것이 공정 이용이다. 중국의 저작권법은 그러한 특수 목적을 12가지 유형으로 분류했으며 여기에는 다음이 포함된다.

가. 개인의 학습

나. 연구나 감상

다. 소개, 평론, 설명을 목적으로 한 인용

라. 시사 뉴스를 보도하기 위한 불가피한 재현이나 인용

그러나 9년제 의무 교육을 시행하기 위해 교과서를 편집하거나 출판하기 위해 특정 저작물을 사용해야 할 경우, 저작권자의 사전 동의는 필요 없지만 사용료를 지급해야 한다.

3.3.3. 보호 기간

저작권 보호 기간은 다음 표에서 보듯이 저작권의 종류, 저작물의 저자와 성격에 따라 다르다.

3.3.4. 관련 권리(인접권)

인접권이란 여러 가지 방식으로 저작물을 공공에 배포하는 이들이 누릴 수 있는 권리를 의미한다. 중국의 저작권법에 따르면 다음에 해당하는 사람이 인접권을 누릴 수 있다.

· 도서, 신문, 잡지의 발행인 : 발행인은 계약에 의해 저작물을 배타적으로 제공받아 발행할 수 있으며 타인이 해당 저작물을

저작권의 종류	저작자	
	개인	법인 또는 단체
성명 표시권, 수정, 동일성 보호권	무기한	무기한
발표권	저작자의 생애 + 사후 50년	발표로부터 50년
재산권	저작자의 생애 + 사후 50년	발표로부터 50년

[표 8.1] 저작권 보호 기간

발표하는 것을 금할 권리를 지닌다. 그 이외에도 발행인은 자신이 발행한 도서나 정기 간행물의 배열을 타인이 사용하지 못하도록 금할 수 있다.

- 실연 : 실연자에게는 다음과 같은 실연권이 있다.
  - 실연자 성명 표시권(performership)을 요구할 권리.
  - 자신의 실연이 왜곡되지 않도록 보고할 권리.
  - 타인이 실연을 생방송하거나 공개 전송하는 것을 허가하고 그에 대한 보수를 받을 수 있는 권리.
  - 타인이 자신의 실연을 녹음하거나 녹화하는 것을 허가하고 그에 대한 보수를 받을 수 있는 권리.
  - 타인이 자신의 실연이 수록된 시청각 녹음을 복제하거나 배포하는 것을 허가하고 그에 대한 보수를 받을 수 있는 권리.
  - 타인이 정보 네트워크를 통해 자신의 실연을 공개 전송하도록 허가하고 그에 대한 보수를 받을 수 있는 권리.
  - 시청각물 제작자 : 시청각물 제작자에게는 자신이 제작한 음원이나 영상을 타인이 복제, 배포, 대여하거나 정보 네트워크를 통해 공개 방송하도록 허가하고 그에 대한 보수를 받을 권리가 있다.
  - 라디오 및 텔레비전 방송국에 의한 방송 : 방송국은 자사가 방송한 프로그램을 타인이나 타사가 사전 동의를 구하지 않고 재전송하거나 이를 음원이나 영상의 형태로 녹음, 녹화, 복제하는 것을 금할 수 있다.

3.4. 보호와 집행

3.4.1. 침해

일반적으로 저작권자의 인격권과 재산권에 악영향을 미치는 행위를 저작권 침해 행위로 간주한다. 그 예로는 해당 저작권자의 동의 없이 사용료를 지급하지 않고 저작물을 발표하거나 왜곡, 훼손하거나 사용하는 것이 있다.

중국의 저작권법은 침해 당사자에게 민사상의 책임이 발생하는 상황과 민사상, 형사상의 책임이 모두 발생하는 상황을 명시적으로 규정하고 있다.

3.4.2. 분쟁의 해결

저작권자는 침해 당사자의 침해 행위를 중단할 것을 명하고 불법 소득을 징발하며 해당 제품을 몰수, 폐기하고 과태료를 부과하도록 NCA에게 요청할 수 있다. 또한 NCA는 침해에 사용된 도구, 재료, 장비를 몰수할 수 있다.

관련 행정 당국에 협조를 요청하는 것 이외에도 법원에 소송을 제기하고 배상금을 청구하는 것도 가능하다. 배상금 액수는 저작권자가 입은 손해와 침해 당사자가 취한 수익을 기준으로 산정된다. 어떠한 경우에도 법정 손해 배상금의 액수는 50만 위안을 넘지 않도록 되어 있다.

3.5. 외국인 저작권자를 위한 특별 조항

· 관련 국제 협약에 의거하여 중국 밖에서 작품을 발표한 외국인도 저작권을 향유할 수 있다.
· 외국인이 중국에서 먼저 작품을 발표할 경우, 발표일부터 저작권이 발생한다.
· 먼저 외국에서 발표되었으며 그로부터 30일 이내에 중국에서

발표된 외국인의 작품은 외국과 중국에서 동시에 발표된 것으
로 간주한다.
· 중국에서 이루어진 외국인의 실연이나 중국에서 제작되거나
배포된 외국인의 음원 녹음은 중국 저작권법의 보호를 받는다.
· 관련 국제 조약에 따라 외국인이 누릴 수 있는 실연권은 중국
저작권법의 보호를 받는다.
· 관련 국제 조약에 따라 외국의 라디오, 텔레비전 방송국이 누
릴 수 있는 방송권은 중국 저작권법의 보호를 받는다.

4. 영업 기밀(노하우)

4.1. 입법 역사

중국에는 노하우를 보호하는 법규가 별도로 존재하지 않으며 현
행 법제는 이를 포괄적으로 다루고 있지 않다. 오직 1993년에 발효
된 '중화인민공화국 반불공정 경쟁법(PRC Anti-unfair Competition
Law, 이하 반불공정 경쟁법)' 만이 노하우를 보호하는 규정을 포함
한다.

1994년에 발효된 '중화인민공화국 노동법(PRC Labor Law)' 은
고용주와 근로자가 근로 계약을 체결할 때 고용주의 노하우를 기밀
로 유지하는 데 근로자가 합의하도록 명시하고 있다. 그 이외에도
새로 제정되어 2007년에 발효된 '중화인민공화국 노동 계약법(PRC
Labor Contract Law)' 은 고용주가 고용 계약에 경쟁과 기밀에 관한
제한 조항을 포함시킬 수 있도록 허용한다. 또한 '중화인민공화국
형사법(PRC Criminal Law)' 에도 노하우의 침해에 관한 조항이 있

다. 중국의 입법기관은 현재 '노하우 보호법(Know-how Protection Law)'의 초안을 작성하고 있다. 가장 최근에 작성된 법안에는 노하우의 실체적 요건(substantive requirements), 노하우 소유자의 권리, 보호, 침해, 그에 따른 책임에 관련된 조항이 포함된다. 해당 법은 중국에서 노하우를 보호하는 데 크게 기여할 것으로 기대된다.

4.2. 노하우의 정의

4.2.1. 노하우의 실체적 요건

중국의 반불공정 경쟁법에 따르면 노하우는 기술 정보와 경영 정보로 나뉜다. 이러한 정보는 다음 요건을 빠짐없이 충족해야 노하우로 인정된다.

- 공개되지 않았거나 일반인이 얻을 수 없는 정보.
- 소유자에게 경제 편익을 가져다줄 수 있는 정보.
- 실제로 활용할 수 있는 정보. 즉, 현실적이고 구체적으로 응용이 가능하며 소유자에게 편익이나 경쟁 우위를 가져다주거나 그러할 가능성이 있는 정보.
- 소유자가 기밀로 유지하기 위해 조치를 취한 정보. 그러한 조치는 소유자가 구술 또는 서면으로 체결한 기밀 준수 계약이나 기밀을 유지하기 위해 마련한 시스템 등 정보를 기밀로 유지하기 위해 취한 합리적인 조치를 의미한다.

위에 언급된 기술 정보와 경영 정보로는 설계, 공정, 제조 지침, 제조 방법, 고객과 공급업체 명단, 마케팅 전략, 입찰 서류 등이 있다.

4.2.2. 개별 적용 원칙

어떤 정보가 위의 실체적 요건을 충족하는지 여부는 관련 당국 또는 법원이 사안별로 결정하거나 심사한다. 기밀 계약, 기밀 유지 사규, 시스템 등이 마련되어 있으면 당국이나 법원에 노하우의 존재를 한층 용이하게 납득시킬 수 있다.

4.3. 보호와 집행

4.3.1. 침해

중국 법규에서는 다음 행위들을 노하우 침해로 간주한다.

- 절도, 뇌물 공여, 강요 등 불법적인 방법으로 소유자에게 노하우를 취득하는 행위.
- 위에 언급한 불법적인 방법으로 취득한 노하우를 사용하고 타인에게 공개하며 타인이 사용하도록 허락하는 행위.
- 기밀 준수 계약을 위반하는 행위, 기밀로 유지하라는 소유자의 명령을 어기고 해당 노하우를 사용하거나 타인에게 공개하고 이를 타인이 사용하도록 하는 행위.

제3자가 위에 언급된 바와 같이 불법 행위임을 완전히 인지한 채로 타인의 노하우를 취득하고 사용 또는 공개하는 경우에도 이를 침해하는 행위로 간주한다.

또한 노하우 소유자의 근로자가 기밀 준수 계약을 위반하거나 노하우를 기밀로 유지하라는 고용주의 명령을 어기고 해당 노하우를 사용, 공개하거나 타인에게 사용하도록 허락하는 것도 침해 행위로 간주한다.

4.3.2. 분쟁 해결

노하우 보호에 관한 사안을 담당하는 주무 당국은 국가 공상 행정 관리 총국이다. 국가 공상 행정 관리 총국은 노하우 침해에 대하여 상표권이 침해되는 경우와 유사한 조치를 취한다.

노하우 소유자는 침해 당사자에 법정 소송을 제기하고 배상금을 청구할 수 있다. 법정 소송을 할 수 있는 근거는 사안에 따라 다르지만 대체로 계약의 위반이나 민사상의 불법 행위(tort)가 있다. 어떤 고용주가 과거 고용주의 노하우 소유권을 침해한 사람을 불순한 의도로 고용할 경우 새로운 고용주와 근로자에게 연대 배상 책임이 발생할 수 있다.

배상금의 산정은 노하우 소유자가 입은 손해를 기준으로 한다. 그러한 손해를 산정하기 곤란한 경우, 침해 당사자가 침해 행위로 얻은 수익을 손해 금액으로 확정한다. 그 이외에 합리적인 수준의 사용료를 넘지 않는 금액을 배상금으로 확정하기도 한다. 이러한 기준을 전혀 산정할 수 없는 경우 법원이 재량에 따라 배상금 액수를 확정할 수 있다. 침해 사실을 조사하기 위해 노하우 소유자가 지급해야 했던 비용은 합리적인 수준에서 침해 당사자가 부담하는 것으로 한다.

노하우는 등록이 불가능하며 소유자의 전용 자산이므로 현실적으로 침해 사실을 입증하기가 어려운 편이다. 또한 손해와 침해 간의 인과 관계를 입증하기도 쉽지 않다. 따라서 기밀 준수 조항을 사규, 고용 계약, 제휴 또는 업무 협력 계약 등에 포함시키는 것이 반드시 필요하다.

9장

세금 /
Tax /

중국의 세제는 중국 세무 당국이 세법이나 관련 조례를 보완하거나 수정하기 위해 발표한 수많은 행정 명령 때문에 매우 복잡한 편이다. 여러 가지 유형의 세금 가운데서도 외국 사업체와 가장 큰 관련이 큰 것은 FIE와 외국 기업에 부과되는 세금이다.

1. FIE에 부과되는 세금

FIE에 적용되는 세금은 과세 당국에 따라 크게 두 가지 유형으로 나뉜다. 이는 세무국이 부과하는 세금과 세관이 부과하는 관세다.

가. 세무국이 부과하는 세금
   1) 사업 거래에 부과되는 거래세(turnover tax)
   ▫ 부가가치세
   ▫ 사업세
   ▫ 소비세

2) 소득에 부과되는 세금

- 기업 소득세
- 개인 소득세

3) 재산, 특정 거래, 지출에 부과되는 세금

- 성시 유호 건설세(City Maintenance Construction Tax, 도시 유지 건설세)
- 증지세
- 인지세

나. 세관이 부과하는 관세

1.1. 부가가치세

부가가치세는 기업이 유형 제품을 중국에서 판매, 제조, 가공, 수선하거나 중국으로 수입하는 경우에 부과된다. 일반 기업이나 중소기업에는 각기 다른 과세 표준이 적용된다. 또한 부가가치세 환급이나 면제에 관한 규정도 있다. 외국인 투자자는 부가가치세가 적용되는 FIE를 설립하기 전에 세금에 대한 자문을 구하고 계획을 세우는 것이 바람직하다.

1.1.1. 일반 납세자에 대한 부가가치세 세제

부가가치세가 적용되는 기업은 일반 납세자로 인정받는 특별 절차를 거쳐야 한다. 이러한 절차를 거치지 않을 경우, 영세 납세자 범주로 분류된다. 일반적으로 일반 납세자에 적용되는 부가가치세 세율은 17%이지만 농산물, 도서, 물, 가스, 휘발유, 우유 등에는 13%의 감면 세율이 적용된다.

일반 납세자가 납부해야 할 부가가치세를 산정하려면 먼저 당기

(當期)의 매출 부가세(output tax)와 매입 부가세(input tax)를 산정해야 한다. 일반 납세자는 특별 부가가치세 영수증을 발급할 수 있다. 해당 영수증에 따라 구매자로부터 지급받은 매입 부가세를 매출 부가세에서 공제하면 납부해야 할 세액이 나온다.

일반 납세자가 납부해야 할 세액을 산정하는 공식은 다음과 같다.

납부해야 할 세액 = 당기의 매출 부가세 − 당기의 매입 부가세
매출 부가세 = 당기의 매출액 X 적용 세율

1.1.2. 영세 납세자에 대한 부가가치세 세제

영세 납세자의 자격 요건은 관련 조례에 명시되어 있다. 절차에 따라 세무 당국으로부터 일반 납세자로 인정받지 못한 기업은 대개 영세 납부자로서 부가가치세를 납부한다.

영세 납세자가 납부해야 할 세액을 산정하는 공식은 다음과 같다.

납부해야 할 세액 = 매출액 X 적용 세율

영세 납세자는 매입 부가세 공제 혜택을 누리지 못한다. 따라서 원칙적으로 부가가치세 영수증을 발급할 수 없으며 일반 납세자에게 부가가치세 영수증을 발급할 때마다 세무 당국에 신청해야 한다.

1.1.3. 부가가치세 감면

다음에 해당하는 FIE, 품목, 행위에 대해서는 부가가치세를 감면받을 수 있다.

- 『외국인 투자 산업 지침서』에서 장려 기업으로 분류되며 자사의 사용을 위해 장비를 수입하고 회계 장부에 해당 금액을 '총 투자' 로 계상하는 FIE.
- 『외국인 투자 산업 지침서』에서 장려 기업으로 분류되며 외국인이 투자한 연구 개발 센터로서 기술 개발을 위해 장비를 수입하는 첨단 기술 FIE 또는 수출 중심 FIE.
- 국무원 규정에 의해 제한되지 않은 수출품.
- 과학 연구, 실험, 교육에 직접 사용되는 기구나 장비의 수입.
- 외국 정부와 국제단체가 무상으로 지원하는 재료와 장비의 수입. 가공 계약, 조립 계약, 보상 계약 등에 따라 수입해야 하는 장비와 기계류.
- 장애인 관련 단체가 장애인을 위해 사용하고자 하는 수입하는 품목.
- 판매자가 사용한 바 있는 제품의 재판매.

재정부와 국가 세무 총국이 2009년 1월 1일에 언론 좌담회에서 발표한 홍보 자료에 따르면 위에 언급된 감면 대상 가운데 장비를 수입하는 FIE에 대한 조항은 철회될 예정이다. 그러나 부가가치세에 관한 '중화인민공화국 잠정 조례(Interim Regulation of the People's Republic of China on Value Added Tax)' 에서는 납세자들이 고정 자산의 취득이나 수입으로 발생하는 매입 부가세를 차감할 수 있도록 허용한다. 이는 기존에는 불가능했던 일이다. 따라서 이러한 조례가 앞서 언급된 감면 조항을 대체하게 된다.

1.1.4. 수출업체 대한 부가가치세 환급

수출품에 부과되는 부가가치세는 (국무원이 달리 규정하지 않는한) 감면받을 수 있다. 하지만 최종 수출에 선행하는 거래에 대해서는 부가가치세가 부과될 수도 있다. 이러한 경우, 수출업체는 세무당국에 수출한 제품에 대한 매입세 환급을 신청할 수 있다. 현재 환급 세율은 5%, 6%, 9%, 11%, 13%, 17%로 정해져 있으며 수출한제품의 종류에 따라 다른 환급 세율이 적용된다.

1.2. 사업세

사업세는 기업이 중국에서 부가가치세의 적용 대상이 아닌 상대방에게 서비스를 제공하거나 무형 자산을 양도하거나 부동산을 판매할 때 부과된다. 이때 세금을 납부해야 하는 의무는 해당 서비스를 제공하는 당사자 또는 해당 자산을 판매한 이에게 있다.

1.2.1. 과세 대상 품목 및 세율

사업세는 총 매출과 기타 모든 미수 대금에 부과된다. 적용 세율은 서비스의 종류에 따라 천차만별이다. 표 9.1.은 서비스 종류에 따른 세율을 상세히 보여준다.

과세대상	세율
교통 운수	3%
건설	
우편, 통신	
문화, 스포츠	
서비스(임대업, 자산관리 서비스)	5%
무형 재산의 양도	
부동산 매각	
금융 및 보험	
오락	5~20%

[표 9.1] 사업세의 세율

1.2.2. 주요 감면 대상

기술 이전, 개발, 자문을 목적으로 설립되었거나 이와 관련된 서비스를 제공하는 FIE와 외국인이 투자한 연구 개발 센터는 주무 기술 행정 당국의 승인을 받아 세무 당국에 신청하면 사업세를 감면받을 수 있다.

1.3. 소비세

제조, 가공, 수입된 화장품, 주류, 담배 등의 일부 기호품이나 사치품에는 소비세가 적용된다. 소비세를 납부해야 하는 당사자는 그러한 제품의 제조업체, 가공업체, 수입업체다.

1.3.1. 과세 대상 및 세율

소비세는 거래 건수당 한 번만 부과되거나 정해진 납부 기간 동안에만 부과된다. 대표적인 대상 품목과 세율은 표 9.2에서 볼 수 있다.

1.4. 기업 소득세

기업 소득세의 납부 대상은 국유 기업, 집체 기업, FIE 등 생산과 영업으로 소득을 얻는 조직이다.

1.4.1. 과세 표준 및 세율

납부 대상은 중국 국내와 해외에서 생산, 영업, 기타 수단으로 얻은 소득에 대해 기업 소득세를 납부해야 한다. 세액은 과세 소득을 기준으로 산정된다. 이때 과세 소득은 과세 연도에 납부자가 벌어들인 총 소득에서 당해 해당 공제액을 차감한 금액이다. 2007년에 발효된 '중화인민공화국 기업 소득세법(PRC Enterprise Income Tax)'

구분	과세 대상		과세 단위	세율/세액
1	궐련초	비례 세율	A 유형	45% + 개비당 0.003위안
			B 유형	30% + 개비당 0.003위안
1.2	시가			25%
1.3	잎담배			30%
2	와인 및 주류			
2.1	중국산 증류주			20% + 500g당 0.5위안
2.2	곡주		톤당	240
2.3	맥주		톤당 (A 유형)	250
			톤당 (B 유형)	220
2.4	기타			10%
2.5	주류			5%
3	화장품			30%
4	고가 장신구, 다이아몬드, 기타 귀금속			5% 또는 10%
5	폭죽 및 기타 불꽃놀이 도구			15%
6	제품유		무연 휘발유, 나프타, 용해유, 윤활유	리터당 0.2위안
			항공유, 난방유, 경유	리터당 0.1위안
			유연 휘발유	리터당 0.28위안
7	자동차 타이어			3%
8	자동차		배기량에 따라 세율이 결정됨.	1%, 3%, 5%, 9%, 12%, 25%, 40% 등
9	모터사이클			3%, 10%
10	골프채 및 기타 골프 장비			10%
11	고급 시계		판매 가격이 1만 위안 이상인 시계	20%
12	요트			10%
13	1회용 나무젓가락			5%
14	원목 장판			5%

[표 9.2] 소비세율

에 따르면 달리 세금 혜택을 받지 않는 한 순 금액(net basis) 기준으로 25%의 세율이 적용된다.

1.4.2. 해외 과세

중국의 기업 소득세 과세 대상은 해외 소득에 대해서도 세금을 납부해야 한다. 이때 중국이 그러한 소득이 창출된 국가와 세금 조약을 체결한 경우[1], 해외 소득에 대한 이중과세를 피할 수 있다. 또 해외 소득에 대해 해외에서 소득세를 납부했을 때, 동일한 소득에 부과된 중국의 소득세에 대해 공제를 청구할 수 있다. 이러한 세금 공제 혜택은 5년간 이월이 가능하다.

1.4.3. 세금 우대

새로 제정된 중국의 기업 소득세법은 지역을 중심으로 세금 우대 조치를 적용하던 기존 법과 달리 산업을 중심으로 우대 조치를 적용한다. 다만, 중국 중부와 서부 지역에 대한 세금 우대 조치는 여전히 유효하다. 다음 산업 부문은 감세, 세금 면제 또는 감면 혜택을 받을 수 있다.

· 15%의 감세율이 적용되는 기업 : 조건에 부합하는 첨단 기술 기업[2]

---

1) 중국은 스페인, 포르투갈 등 몇 개 국가와 상호 세금 우대 조약을 체결했다.

2) 어떤 기업이 감자를 시행할 수 있는 자격이 되는지 알아보려면 재정부, 과학기술부, 국가세무총국이 2008년 4월 14일 공동으로 공포한 '첨단 기술 기업의 인정에 관한 행정 조례(Administrative Rules on Recognition of High-tech Enterprises)'를 참고하도록 한다. 또한 2008년 7월 8일에는 '첨단 기술 기업의 인정 작업에 관한 지침(Guideline for the Work on Recognition of High-tech Enterprises)'이 공포되었다. 이는 자격 요건을 좀 더 상세하게 제시하고 있다.

· 20%의 감세율이 적용되는 기업 : 조건에 부합하는 영세 기업
· 세금 면제 적용 기업 : (중국 중부 및 서부 등) 특정 지역에 있
  는 기업
· 감세 적용 지출 : 연구 개발 비용과 일부 인력에 대한 급여
· 세금 공제 적용 분야 : 일부 벤처 회사와 환경 보호, 에너지
  절약, 수자원 절약, 안전 생산을 목적으로 사용되는 장비의 구
  매 비용
· 감면 적용 분야 : 기술 이전, 조건에 부합하는 환경 보호 또는 에
  너지/수자원 절약 사업, 농업, 임업, 축산업, 어업에 대한 투자

기업 소득[3]에는 일괄 세율이 적용되지만 실제로는 외국인 투자자를 유치하기 위해 세금 우대 조치를 제공하는 지방 정부도 있다.

1.4.4. 기존의 면세 혜택

기존 기업 소득세법에 따라 FIE에 제공되던 면세 혜택은 5년간의 유예 기간이 지나면 철회될 예정이다. 이러한 유예 기간은 FIE[4]에 적용되는 현행 소득세율을 감안하여 결정된 것이다.

1.5. 개인 소득세

중국을 주소지로 하는 개인 또는 중국에 1년 이상 거주한 개인은 누구나 중국 국내와 해외에서 벌어들인 소득에 대해 개인 소득세를

---

3) 지방 당국이 별도로 세법을 개정했을 수도 있고 새로 담당하는 당국이 획일적으로 집행할 수도 있기 때문에 외국인 투자자는 이에 대해 사전에 철저한 확인을 거쳐야 한다.

4) 예를 들어 기존에 FIE에 적용되던 소득세율은 15%였으나, 이는 2008년 18%, 2009년 20%, 2010년 22%, 2011년 24%, 2012년 25%로 계속 인상되었다.

월별 과세 대상 소득(위안)	세율(%)
500 미만	5
500 초과 ~ 2,000 이하의 부분	10
2,000 초과 ~ 5,000 이하의 부분	15
5,000 초과 ~ 2만 이하의 부분	20
2만 초과 ~ 4만 이하의 부분	25
4만 초과 ~ 6만 이하의 부분	30
6만 초과 ~ 8만 이하의 부분	35
8만 초과 ~ 10만 이하의 부분	40
10만을 초과하는 부분	45

[표 9.3] 개인 소득세

납부해야 한다. 그러나 외국인은 일정 기간 동안 중국에서 얻은 소득에 대해서만 세금을 납부할 의무가 있다. 그 기간이 지나면 해외에서 얻은 소득에 대해서도 소득세를 납부해야 한다. 중국을 주소지로 하지 않거나 1년 미만 거주한 개인도 중국 국내에서 얻은 소득에 대해 개인 소득세를 납부해야 한다.

FIE는 근로자의 급여에 따른 소득세를 원천 징수할 의무가 있다. 따라서 '중화인민공화국 개인 소득세법(PRC Individual Income Tax Law)'을 준수할 의무도 있는 것이다.

근로자에 부과되는 개인 소득세는 월별 소득에서 사회 보장 분담금과 주택 적립금 분담금을 차감한 이후에 다시 (국내인의 경우) 2,000위안 또는 외국인의 경우 4,800위안을 공제한 금액을 기준으로 산출된다. 개인 소득세의 과세에는 표 9.3에서 보듯이 누진세제가 적용된다.

1.6. 성시 유호 건설세

성시 유호 건설세는 부가가치세, 사업세, 소비세의 납부자에 부과된다. 과세 목적은 도시를 유지하고 건설하는 데 필요한 자금을 충당하기 위함이다. 과세 표준은 부가가치세, 사업세, 소비세의 납부 총액이며 세율은 소재지에 따라 1~7% 사이다.

1.7. 증지세

부동산 매입으로 소유권을 양도받은 당사자에게는 증지세가 부과된다. 세율은 거래 가격이나 과세 당국의 평가에 따라 3%~5%이다.

1.8. 인지세

인지세는 중국 영토 내에서 특정한 경제 문서를 작성하거나 수령한 기업이나 개인에 부과되는 세금이다. 다음에 해당하는 문서가 과세 대상이다.

- 다음에 관한 계약서 또는 계약 성격이 있는 문서 : 구매, 판매, 가공, 건설 시공, 재산 임대차, 원료 수송, 보관, 대출, 재산 보험, 기술 계약
- 재산권을 양도하는 문서
- 회계 장부
- 권리나 사용권을 입증하는 증명서
- 재정부가 과세 대상으로 정한 기타 서류

과세 대상 서류의 성격에 따라 백분율에 따른 세액이나 고정세액으로 부과된다.

1.9. 관세

관세는 어떤 국가의 영토에 진입하는 제품에 부과되는 세금이다.

수입 제품의 수탁자(consignee), 수출 제품의 위탁자(consignor), 그러한 제품의 소유자가 관세를 부담한다.

관세는 대체로 제품의 과세가액이나 수량별 세율에 따라 세관이 거둬들인다.

수입 관세율은 일반 및 우대로 분류된다. 우대 관세율은 중국과 상호 세금 우대 조약을 체결한 국가나 지역에서 들어오는 제품에 적용된다. 기타 수입 제품에는 일반 관세율이 적용된다. 중국이 WTO에 가입한 이래 평균 관세율은 17%에서 8%로 인하되었다.

광고물, 상품가치가 없는 제품 샘플, 외국 정부나 국제기구가 공여한 제품이나 재료 등 일부 품목에는 관세가 면제된다.

2. 외국 법인에 부과되는 세금

외국 법인이 직접 수출을 통해 중국 기업이나 중국 국적의 개인에 공급하는 제품, 기술, 서비스나 중국에 FIE를 설립하여 간접적으로 공급하는 제품, 기술, 서비스에 대해서는 다음과 같은 세금이 부과된다.

2.1. 기업 소득세

외국 기업과 경제 단체를 비롯한 외국 법인은 중국에서 벌어들인 소득에 대해서만 기업 소득세를 납부할 책임이 있다. 외국 기업에 대한 과세 여부는 중국 내 현지 사무소 유무에 따라 결정된다.

2.1.1. 중국 현지 사무소가 없는 외국 법인

중국에 현지 법인을 설립한 바 없는 외국 법인은 배당금, 이자 소득, 임대 소득, 로열티, 자본 소득, 기타 중국에서 벌어들였거나 수취한 간접 소득에 대해 원천세를 납부해야 한다. (국내 기업 및 FIE 등) 중국 기업의 기업 소득세 원천 세율은 최대 10%다. 이러한 세율과 상호 조약에 따른 우대 원천세율이 다를 경우, 우대 원천세율이 우선한다. 중국 내 소득을 외국인 투자자에게 송금해야 할 경우, 기업 소득세 납부 증서를 은행에 제출해야 한다. 외국 법인이 해외에서 서비스를 제공하고 벌어들인 소득에 대해서는 중국의 기업 소득세가 적용되지 않는다.

2.1.2. 중국 현지 사무소가 있는 외국 법인

중국에 대표 사무소나 지점을 설립한 외국 법인은 중국에서 벌어들인 소득에 대해 기업 소득세를 납부해야 한다. 그러나 과세 소득의 산정은 FIE의 경우와 다르다.

외국 법인이 설립한 대표 사무소의 과세 소득을 산정할 때는 종사하는 업무의 종류에 따라 각기 다른 방식이 적용된다. 가장 자주 사용되는 방식은 다음과 같다.

- 경영, 법률, 세금 자문, 회계, 감사 서비스를 제공하는 대표 사무소는 실제 소득에 대해 소득세를 납부한다.
- 대행 서비스, 무역, 광고, 관광업에 종사하는 대표 사무소는 원가 가산 방식(cost-plus basis)에 따른 세금을 납부한다. 이는 대표 사무소의 비용을 과세 대상으로 보는 것이다.

외국 제조업체가 설립한 대표 사무소는 기업 소득세를 면제 받을 수 있다. 면세 여부와 소득 산정 방식은 소재지의 세무 당국이 최종적으로 결정한다.

2.1.3. 중국 내에서 상시 활동하는 외국 법인의 과세

마지막으로 중국에서 영구적으로 활동하는 외국 법인의 과세를 소개한다. 해당 법인이 영구적으로 중국에서 활동할 것으로 판단되면 기업 소득세가 부과된다. 이러한 경우, 소득 표준율(deed profit method)이 적용될 수 있다. 이에 따르면 중국에서 창출한 매출에 대해 10~40%가 소득으로 간주된다. 이러한 소득에는 일반적인 기업 소득세 세율인 25%가 적용된다.

2.2. 사업세

중국에서 인력 서비스를 제공하거나 무형 자산을 양도하거나 부동산을 매각한 대표 사무소와 지점 등 외국 기업과 외국 국적의 개인에게는 그 대금과 미수 대금에 대해 사업세가 부과된다. 기술 제공에 적용되는 세율은 5%인 반면에 서비스 제공에는 서비스 종류에 따라 다양한 세율이 적용된다.

위에 언급한 FIE와 외국인이 투자한 연구 개발 센터의 경우와 마찬가지로 기술 이전, 기술 개발, 자문, 기타 기술 이전이나 개발과 관련된 서비스업에 종사하는 외국 법인은 관련 기술 행정 당국의 인허가에 따라 세무 당국에 사업세 면세를 신청할 수 있다.

3. 과세 행정

국가 세무 총국은 중국에서 최고 서열의 세무 당국이다. 이는 국무원 직속 산하의 부처급 기관이며 국가의 세금 수입을 관리하고 세법과 관련 조례를 작성, 발표한다. 관세청 역시 관세와 관련된 법규를 발표할 수 있다. 세수 정보를 체계적으로 공유하기 위해 성급 이하의 세무 당국은 국가 세무 총국 산하 사무소와 지방의 세무국으로 나뉜다. 국가 세무 총국은 사무소, 규모, 인력, 예산 면에서 수직 체계로 운영되며 지방 정부와 지방 세무국을 공동 관리한다.

3.1. 지방 과세 기구

지방에서는 국가 세무 총국의 산하 사무소와 지방 세무국이 각종 세금을 거둬들인다. 일반적으로 국가 세무 총국 산하 사무소는 전적으로 중앙 정부가 창출한 수입에 대한 세금과 부가가치세, 기업 소득세 등 중앙 정부와 지방 정부가 공동으로 창출한 수입에 대한 세금을 징수한다. 지방 세무국은 사업세, 개인 소득세 등 지방의 수입에 대한 세금을 징수한다.

그 이외에도 재정부 등 재무 당국과 세관이 관세와 수입 부가가치세 등 몇몇 세금의 징수를 담당한다.

3.2. 과세 관리

앞서 5.2.5.4의 다에서 언급했듯이 FIE는 소재지의 세무 정책에 따라 세무 등록을 해야 하며 납세 신고서를 제출하고 회계 장부를 작성하며 정확한 영수증을 발급해야 할 의무가 있다. 납세 신고서 제출에 관한 정책은 다음과 같다.

3.2.1. 과세 연도

과세 연도는 역년과 같다. 즉 1월 1일부터 12월 31일까지를 말한다. 하지만 역년도의 과세 소득을 산정하기 어려운 외국 기업은 세무 당국에 회계 연도를 과세 연도로 신청할 수 있다. 역년도에 영업이 시작되거나 역년도 동안 영업 기간이 12개월 미만인 FIE는 실제 영업 기간을 과세 연도로 간주해야 한다.

3.2.2. 납세 신고서 제출

FIE는 매년 과세 연도 종료 후 5개월 이내에 납세 신고서, 감사 재무 보고서, 감사 보고서를 소재지 세무국에 제출해야 한다. 위에 언급한 서류 제출을 연기할 경우에도 과세 연도 종료 후 5개월 이내에 연기 신청서를 제출해야 한다.

3.2.3. 처벌

정해진 기간 내에 세무 등록 절차를 거치지 않거나 회계 시스템을 구축하지 않거나 회계 장부를 기록하지 않은 납세자나 원천 징수 대리인은 정해진 기간 내에 그러한 의무 태만을 시정하거나 최대 2,000위안의 과태료를 납부해야 한다. 중대한 위반이 있을 경우 최대 1만 위안의 과태료가 부과된다.

정해진 기간 내에 납세 신고서를 제출하지 않은 납세자나 원천 징수 대리인은 정해진 기간 내에 그러한 의무 태만을 시정해야 하며 2,000위안을 과태료로 납부해야 한다. 이러한 의무를 한 번 더 위반할 경우 2,000~1만 위안의 과태료를 부담해야 한다.

탈세는 정보 위조, 변조, 은닉, 기만 등의 불법 행위와 정해진 기한 내에 세금을 재차 납부하지 않는 행위를 수반한다. 탈세에는 과세액의 최대 500%에 이르는 과태료가 부과되며, 중대한 탈세 행위를 저지른 이는 형사 법원에 기소될 수도 있다.

10장

고용
Employment

외국인 투자자가 중국에서 성공하기 위해 가장 필요한 요소가 바로 인적 자원이다. 그런데 중국 경제가 발전하고 근로자 착취 문제가 자주 발생하면서 중국 노동법을 개혁할 필요가 있다는 인식이 날로 확산되고 있다. 근로자의 권익 보호에 대한 요구가 증대되면서 중국 중앙 정부와 지방 정부의 입법기관은 최근 근로자 보호를 강화하는 취지의 법규를 연이어 발표했다.

현재 '중화인민공화국 노동법(PRC Labor Law, 1995년 발효)' 와 '중화인민공화국 노동 계약법(PRC Labor Contract Law, 2007년 발효)' 이 중국의 2대 고용 관련법이다. 최근에 발효된 노동계약법은 근로자의 권익을 향상하고 한층 더 효율적으로 보호하기 위해 마련된 법으로 이미 노동법 적용에 몇 가지 변화를 불러일으켰으며 고용 시장의 인식을 제고하고 있다. 그러나 지방 조례와 중앙 정부가 발표한 관련법이 너무 많은 탓에 노동법의 원천이 불분명하고 통합되어 있지 않다.

1. 고용 계약

1.1. 서면 계약서

새로운 직원을 고용할 때는 서면 계약서를 체결해야 한다. 고용 계약의 일반 조항이 포함해야 함은 물론 직원의 직급도 계약서에 명시하고 해당 직원에게 고지해야 한다. 고용일로부터 1개월 이내에 서면 고용 계약을 체결하지 않을 경우 고용주는 근로자에게 급여의 2배를 지급할 책임이 있다. 고용일로부터 1년 이내에 계약을 체결하지 않을 경우, 무기한 고용 계약이 체결된 것으로 법률상 추정할 수 있다.

고용 계약에는 중국 법이 적용된다.

1.2. 계약서 양식과 내용

고용 계약은 서면으로 작성해야 하며 노동 계약법이 요구하는 정보와 조건을 포함해야 한다. 일반적으로 고용 계약에는 최소한 다음 정보가 포함되어야 한다.

- 고용주의 성명, 법적 거주지, 법정 대리인
- 근로자의 신분증이나 기타 신원 증명 서류에 기재된 성명, 식별 번호
- 고용 계약 기간
- 업무 내용, 근무지
- 근무 시간, 휴식 시간, 휴가
- 고용 보호, 근무 조건, 산업 재해에 대한 예방 조치
- 보수

· 사회 보험
· 계약 해지의 사유
· 계약 위반의 위반에 대한 책임
· 법이 요구하는 기타 정보

고용 계약에는 법이 명시한 권리와 의무 요건에 부합하는 한 경쟁 금지, 교육, 수습 기간, 기밀 준수, 보충 보험(supplementary insurance), 각종 수당에 관한 조항이 포함되기도 한다.

1.3. 고용 계약의 종류
1.3.1. 기한부, 무기한, 특정 업무 계약
고용 계약은 기한에 따라 기한부, 무기한, 특정 업무 계약으로 나뉜다.

특정 업무 계약이란 고용주와 근로자가 사전에 합의한 대로 특정 업무가 완수되는 즉시 계약 관계가 자동적으로 종료되는 임시 계약을 말한다.

기한부 계약과 무기한 계약 사이에는 고용 관계의 기간 이외에도 다음과 같은 차이점이 있다.

가. 무기한 계약의 의무 체결
고용주와 근로자가 협상을 통해 합의에 이르면 기한부나 무기한 고용 계약을 체결할 수 있다. 근로자가 고용 계약의 연장이나 체결을 제의하거나 그에 동의하고 다음 중 하나에 해당하며 근로자가 기한부 고용 계약을 명시적으로 요청하지 않는 한 근로자는 근로자와 무기한 고용 계약을 체결해야 한다.

▫ 근로자가 현재 고용주의 업장에서 10년 이상 연속 근무한
경우.
▫ 기한부 고용 계약을 연속 2회 체결하고 다시 갱신할 경우.
▫ 근로자가 고용 계약 제도를 최초로 시작하는 때 또는 국유
기업인 고용주가 개혁 조치에 따라 고용 계약을 다시 체
결해야 하는 때에 근로자가 현재 고용주의 업장에서 10년
간 연속 근무했으며 법정 퇴직 연령까지 10년 미만 남았
을 경우.

위에서 언급한 바와 같이 고용일로부터 1년 이내에 서면 고
용 계약을 체결하지 않을 경우 무기한 고용 계약이 체결된 것
으로 간주한다.

나. 인력 감원 시행 시 우선순위
고용주와 무기한 고용 계약을 체결한 근로자는 인력 감원 시
잔류할 수 있는 우선권을 가진다.

다. 계약 해지 사유
무기한 고용 계약의 해지 사유는 기한부 고용 계약의 해지
사유와 동일하다. 그러나 무기한 고용 계약의 경우, 고용주
는 계약을 연장하지 않을 권리가 있으며 그에 따라 계약을
해지시킬 수 있다. 계약 해지 사유에 관한 좀 더 상세한 내용
은 4항을 참조하라.

라. 수습 기간
중국 법에 따르면 수습 기간은 고용 계약서의 고용 기간에 따
라 결정된다. 무기한이든 기한부 고용 계약이든, 수습 기간은

최대 6개월을 초과할 수 없다. 그러나 기한부 고용 계약 기간이 1~3년 사이일 때 수습 기간은 최대 2개월을 초과할 수 없다. 또한 고용 계약 기간이 3개월~1년일 경우, 수습 기간은 1개월을 초과할 수 없다. 중국 법은 고용 기간이 3개월 미만일 때 수습 기간을 두는 것을 금한다.

1.3.2. 집단 및 개인 고용 계약

중국 법에서 고용주가 다수의 근로자나 노조와 집단 고용 계약을 협의하고 체결하는 것은 의무 사항이 아니지만 중국 정부는 급여, 근로 시간, 휴식 시간, 휴가, 안전, 위생, 사회 보험, 각종 수당 등을 보장하기 위해 노사 간에 집단 고용 계약을 체결하도록 권장하고 있다. 집단 고용 계약은 근로자의 기본권을 보장하기 위해 체결된다. 따라서 고용주와 근로자 사이에 체결된 개인 고용 계약에 상응하는 조항이 없을 때는 집단 고용 계약서의 조항이 적용된다.

2. 급여와 개인 소득세

근로자의 급여는 매년 거주지 노동 당국에서 정하는 최저 임금을 상회하는 한 고용주의 재량에 따라 결정된다.

표 10.1을 통해 현재 중국 주요 도시의 최저 임금 수준을 알 수 있다.

중국의 노동 계약법에는 근로자의 급여 산정 기준, 근무 시간에 대한 급여 기준, 동일한 노동에 대한 동일한 급여, 점진적인 급여 인상에 관한 몇 가지 일반 원칙이 포함되어 있어 고용주에게 지침이

도시	월별 최저 임금(위안)
상하이	960
베이징	800
광저우	860
톈진	820

[표 10.1] 최저 임금 수준

되고 있다.

중국의 개인 소득세법에 의거하여 고용주는 급여나 기타 보수를 지급할 때 개인 소득세를 원천 징수해야 할 의무가 있다. 개인 소득세의 부과 대상인 보수에는 월급, 상여금, 초과 근무 수당을 비롯한 각종 급여가 포함된다.

3. 근무 시간, 휴일, 휴가

중국의 노동법은 고용주가 일반, 유연, 포괄 등 3가지 근무제 가운데 하나를 채택할 수 있도록 허용한다. 일반 근무제는 1일 근무 시간 8시간, 주 5일 근무제를 말한다. 그에 따라 주당 근무 시간이 총 40시간이다. 노동 당국으로부터 사전 승인을 받지 않는 한 일반 근무제가 적용된다. 그 이외의 근무제는 근무 시간을 탄력적으로 운용할 수 있거나 장시간 연속 근무해야 하는 직무와 직급에만 적용된다. 이러한 근무제를 도입하려면 고용주는 당국의 승인을 받아야 한다.

일반 근무제와 포괄 근무제를 도입한 경우, 초과 근무 수당은 관련 법규에 명시된 기준에 따라 지급한다. 유연 근무제일 때는 소재지의 법규에 따라 초과 근무 수당의 지급 여부를 결정한다.

모든 근로자는 신년 휴일, 춘절, 중추절 등 11일에 달하는 국경일과 명절에 쉴 수 있다.

또한 2008년 1월 1일부터는 5~15일간의 유급 휴가를 사용할 수 있게 되었다. 유급 휴가 일수는 근로자의 근속 연수에 따라 다르다. 예를 들어 근속 연수가 1~10년인 근로자의 유급 휴가 일수는 5일이다. 10~20년간 근속한 근로자에게는 10일이, 20년이 넘는 근로자에게는 15일의 유급 휴가가 부여된다. 여성은 3월 8일 '중국 여성의 날'에 반일을 휴가로 사용할 수 있다. 그 이외에도 결혼, 출산, 장례 휴가와 병가 등 각종 법정 휴가를 사용할 수 있다.

4. 고용 계약의 해지

노동 계약법이 발효되면서 고용주가 고용 계약을 해지하기가 기존에 비해 한층 더 어려워졌다.

4.1. 해지 사유

고용주와 근로자가 합의하면 고용 계약을 해지할 수 있다. 근로자가 고용주에 비해 계약을 해지하기가 더 용이하다. 예를 들어 30일 전에 서면으로 고용주에 통지하면 고용 계약을 해지할 수 있다. 수습 기간 동안에는 3일 전에 서면으로 고용주에게 통지하면 계약을 해지할 수 있다.

중국의 노동법은 근로자가 고용 계약을 해지할 수 있는 사유를 다음과 같이 규정하고 있다.

가. 고용주가 고용 계약에 명시된 고용 보호나 근무 조건을 제공
하지 않을 경우.

나. 고용주가 급여 전액을 적시에 지급하지 않을 경우.

다. 고용주가 사회 보험료를 납부하지 않은 경우.

라. 고용주의 규칙과 제도가 법규를 위반하여 근로자의 권익에
손해를 끼친 경우.

마. 고용주의 책임으로 고용 계약이 무효화되는 경우.

바. 관련 법규에 따라 근로자가 고용 계약을 해지할 수 있는 기타
사유.

또한 고용주가 폭력을 사용하거나 위협을 가하거나 인신 자유를
제한하는 불법 수단을 사용하여 근로자에게 노동을 강요할 경우, 또
는 고용주가 법규를 위반하여 근로자의 인신 안전을 위태롭게 하는
작업을 지시하고 강제하는 경우, 근로자는 고용주에게 사전에 통지
할 필요 없이 즉시 고용 계약을 해지할 수 있다.

고용주가 고용 계약을 해지하려면 좀 더 까다로운 조건이 적용된
다. 고용주는 근로자가 다음 중 하나에 해당하는 경우 고용 계약을
즉시 해지할 수 있다.

가. 고용회사의 사규를 중대하게 위반한 경우.

나. 수습 기간 동안 채용 조건에 부합하지 않음이 드러날 경우.

다. 중대한 의무 태만이나 부정행위로 고용주에게 심각한 손실을
끼친 경우.

라. 근로자가 동시에 다른 고용주와 고용 관계를 맺음에 따라, 원
래 고용주가 부여한 업무 수행에 심각한 차질을 빚는 경우.

마. 범죄 수사를 받는 경우.

또한 근로자의 책임으로 고용 계약이 무효화될 때도 고용 계약을 해지할 수 있다.

고용주는 노동 계약법에 의거하여 근로자가 다음 중 하나에 해당할 때 30일 전까지 서면으로 근로자에게 통보하거나, 그 대신 근로자에게 1개월 치 급여를 추가로 지급한 후 고용 계약을 해지할 수 있다.

· 연수 훈련이나 업무 조정 후에도 업무 수행이 불가능한 경우.
· 근로자가 업무와 관련 없는 질병이나 부상을 입어 치료를 받은 후에도 원래 업무에 종사할 수 없거나, 고용주가 다른 업무로 변경해 줘도 이에 종사할 수 없는 경우.
· 고용 계약의 체결에 영향을 준 객관적 상황에 중대한 변화가 발생하여 고용 계약을 이행할 수 없게 될 경우.

재정 위기나 생산이나 경영상의 중대한 사유로 말미암아 근로자를 해고해야 할 경우, 관련 절차를 충실히 이행하고 노동 당국으로부터 사전 승인을 받아야 하는 등 엄격한 규정이 적용된다.

고용주는 근로자가 다음 중 하나에 해당하는 경우, 고용 계약을 해지할 수 없다.

가. 근로자가 직업병에 노출될 위험이 있는 업무에 종사했고 그러한 업무를 맡기 전에 직장 건강 검진을 받지 않았으며 직업병에 걸린 것으로 의심되거나 그러한 진단을 받거나 의료진

의 관찰을 받는 경우.
나. 직업병을 앓거나 산업재해로 인해 근로 능력을 완전히 상실
　　하거나 일부 상실한 것으로 확인될 경우. 또는 그에 따라 정
　　해진 치료 기간이 아직 종료되지 않은 경우.
다. 임신, 출산, 수유기에 있는 여성 근로자.
라. 해당 고용주에 대해 연속 근무 기간이 15년 이상이며 법정 퇴
　　직 연령까지 5년 미만인 경우.
마. 법규에 명시된 기타 사유.

고용주가 고용 관계를 일방적인 해지할 경우, 노조에 사전 통보
해야 한다.

4.2. 퇴직 보상금

고용 계약이 근로자의 과실이 아닌 아래 사유 중 하나로 인해
해지되는 경우, 고용주는 근로자에 보상금을 제공해야 할 책임이
있다.

가. 근로자가 고용주의 책임 사유 때문에 고용 계약을 해지하는
　　경우.
나. 상호 합의 하에 고용 계약을 해지하는 경우.
다. 고용주가 30일 전까지 서면으로 근로자에게 통보하거나, 근
　　로자에게 1개월 치 급여를 추가로 지급하고 고용 계약을 해
　　지한 경우.
라. 고용주가 인력 감원을 시행하는 경우.
마. 기한부 고용 계약이 만료되었으며, 고용주가 동일하거나 더

나은 조건으로 계약 갱신을 제의하지 않으며 근로자가 그에 동의하지 않을 경우.
바. 고용주의 파산, 영업 허가증 취소, 당국이 명한 사업장 폐쇄 등으로 고용 계약이 끝날 경우. 또는 고용주가 사업을 청산하기로 하는 경우. 그 이외에도 법규에 규정된 상황에 따라 보상금을 지불해야 한다.

고용 계약이 근로자가 아닌 고용주의 책임 사유로 해지되는 경우, 근로자는 대개 근속 기간 1년에 대하여 1개월분의 급여를 퇴직 보상금으로 받을 수 있다. 일부 경우에는 계약 해지에 따른 퇴직 보상금의 액수에 상한선이 적용되기도 한다.

5. 사회 보험과 주택 적립금

중국의 법정 사회 보험은 실업 보험, 의료 보험, 출산 보험, 산업 재해 보험, 양로 보험 등 5가지로 나뉜다. 그 이외에도 근로자는 주택 적립금을 지원받을 수 있다. 주택 적립금이란 근로자가 주거용 주택을 구매할 수 있도록 회사에서 분담하는 보조금이다. 고용주와 근로자는 (월정 급여를 기준으로) 사회 보험료와 주택 적립금을 공동으로 분담해야 하며, 이때 해당 금액을 근로자의 개인 계좌로 매달 지급해야 한다. 고용주의 분담 비율은 소재지에 따라 다르다. 일반적으로 고용주가 분담하는 사회 보험료와 주택 적립금 총액은 근로자 월정 급여의 40% 수준이다. 사회 보험료와 주택 적립금 분담금을 산정할 때 근로자의 실제 급여와 상관없이 지방 정부에서 규정한 연간 분담금의 최대한도를 참고해야 하는 경우도 있다.

6. 노조

중국의 노동법은 '공회'라고 불리는 노조를 인정하며 근로자가 노조를 조직하거나 이에 가입하는 것을 권장한다. 노동법에 따라 고용주는 근로자의 노조 가입을 허용해야 할 의무가 있다. 그러나 아직은 노조가 그리 많지 않다.

노조의 목적은 근로자의 법적 권익을 대표하고 보호하며 자율적이고 독자적으로 활동을 조직하는 데 있다.

노조의 가장 중요한 역할을 다음과 같다.

- 고용주가 부당하게 고용 계약을 해지했다고 간주될 경우 이의를 제기한다. 고용주가 법규나 고용 계약의 조항을 위반한 경우, 노조는 그러한 상황을 시정하도록 요구할 수 있다.
- 근로자가 노동 중재를 신청하거나 법정 소송을 제기할 때 법적인 지원과 후원을 제공한다.

고용주는 전체 근로자 가운데 3%를 관련 노조에 배정해야 할 의무가 있다.

중국에서도 파업이 발생하는 일이 이따금 있긴 하지만 근로자에게는 법적으로 파업을 할 수 있는 권리가 없다.

노동 계약법에 따라 노조는 회사 경영에 적극적인 역할을 담당할 수 있다. 무엇보다도 근로자를 대표하여 집단 고용 계약을 협상, 체결할 수 있다. 회사 내규 역시 노조에서 먼저 검토해야 한다. 근로 자를 해고하거나 근로자에게 징계를 내리는 일 역시 노조에 통보해 야 하며 그에 따라 노조는 고용주에 의견서를 제출할 권한이 있다. 노조는 근로자의 근무 조건과 환경이 관련 법규를 준수하도록 감독 할 권한도 지닌다.

7. 외국인 고용 정책

중국은 자국 영토에 진출하여 비교적 장기간 체류하고자 하는 외 국인에 대해 별도의 법규를 마련해 놓았다. 적합한 취업증과 거류증 이 있는 외국인만이 중국에서 일자리를 얻을 수 있다.

비자는 중국 여행의 목적에 따라 몇 가지 종류로 나뉜다. 중국 에서 일하고자 하는 사람에게 해당하는 비자는 가. 상용 방문 비자 (Business Visit Visa), 나. 취업 비자(이하 Z 비자)다.

사업 방문 비자는 강연, 회의, 연구, 인턴십 기간 중의 근무나 연 수 등을 목적으로 중국에 방문하며 체류 기간이 6개월 미만인 사람 들에게 발급된다. 이를 발급받은 사람은 중국에 6개월 이상 머무를 수 없다. 체류 기간이 더 긴 사업 방문 비자는 그 이전에 6개월짜리 비자를 이미 발급받은 사람에게만 허용된다.

Z 비자는 중국에 취업을 목적으로 방문한 사람들에게 발급된다. 외국인 근로자가 가족을 동반할 경우, 그 가족 역시 Z 비자를 발급 받을 수 있다.

Z 비자를 발급받고자 하는 외국인 근로자는 일단 중국에 입국하 기 전에 취업증을 신청해야 한다. 입국 시 Z 비자가 있는 외국인은

고용 확인서를 신청할 수 있다. 예외도 있다. 예를 들어 기업체 회장 등은 Z 비자가 없더라도 고용 확인서를 신청할 수 있다.

중국에서 근무하고자 Z 비자를 소지한 상태로 중국에 입국하는 외국인 근로자는 중국 내 체류를 허가받았다는 점을 입증하기 위해 외국 영주권을 소지해야 한다. 외국인 근로자는 중국에 입국하는 즉시 거류증을 신청해야 한다. 중국 법에 따르면 규정된 건강 검진을 마치고 필요한 추가 서류를 제출한 외국인 거주자만이 중국 당국으로부터 거류증을 받을 수 있다.

일반적으로 외국인이 중국에서 일하는 데 필요한 확인증과 허가증을 모두 받으려면 다음 절차를 거쳐야 한다.

7.1. 취업 허가 증명서와 비자 통지서

중국의 고용주는 소재지의 외국인 투자 부서에 해당 외국인의 취업 허가 증명서와 비자 통지서를 신청해야 한다.

7.2. Z 비자

그런 다음 외국인 근로자는 Z 비자를 신청해야 하는데 이때 중국의 고용주가 발급받은 취업 허가 증명서와 비자 통보서를 해당국 주재 중국 대사관에 제출해야 한다.

7.3. 취업증

중국에 입국한 외국인 근로자는 즉시 소재지의 노동 당국에 취업증을 신청할 수 있다. 취업증을 받으려면 일반적으로 취업 허가 증명서, Z 비자, 의료 증명서, 고용 계약, 고용주의 영업 허가증 등을 제출해야 한다.

위에 언급한 모든 증명서와 허가증을 발급받은 외국인 근로자는 소재지의 공안 당국에 거류증을 신청할 수 있다. 이 단계에서 필요한 서류는 취업증 신청 시 제출했던 서류 이외에도 거주지의 임대 계약서, 공안청이 발급한 증명서 등이다.

8. 아동 노동

중국은 아동 노동을 법으로 금지한다. 16세 미만의 아동을 고용하는 것은 통상 불법으로 간주된다. 16세 미만인 아동을 고용한 고용주는 각종 처벌을 받을 수 있다. 최소한 과태료를 지급해야 하며 심각한 경우 영업 허가증이 취소되기도 한다. 16세 이상 18세 미만인 청소년을 고용하는 것은 법적으로 허용되지만 이 경우에도 몇 가지 제한 사항이 있다. 일반적으로 강도 높은 신체 노동이 필요한 일에 청소년을 투입하는 것은 법으로 금지되어 있다.

9. 노동 관할 당국

기업, 기구, 기타 조직이 중국의 노동 법규를 준수하고 있는지 파악하기 위해 다음과 같은 노동 당국이 적극적인 감독 기능을 수행하고 있다.

9.1. 행정 당국

중앙 정부의 경우, 인력 자원 사회 보장부[1](the Ministry of Human Resources and Social Security)가 중국 내 기업, 기구, 단체의 근로 관련 문제를 처리하는 주무 기관이다.

성이나 시 정부의 경우, 노동 사회 보장 부서/국(the Labor and Social Security Department/Bureau)이 관할 지역의 근로 문제를 처리하는 주무 기관이다.

지방의 노동 사회 보장 부서/국은 그 이외에도 기업, 기구, 단체를 감사하고 관련 노동 법규를 준수하도록 명령할 수 있다. 관련 법규를 준수하지 않은 곳에 대해서는 행정 조치를 내릴 수 있는 권한도 지닌다.

외국인 근로자는 소재지의 노동 사회 보장국이 발급하는 취업증 이외에도 거류증이 있어야 거주와 고용을 합법화하고 그에 따라 법의 보호를 받을 수 있다. 거류증은 소재지 공안청의 출입국 관리 부서로부터 승인을 받아야 발급받을 수 있다.

9.2. 준사법 기구

중국 법은 노동 쟁의가 있을 때 소송을 제기하기 전에 무조건 소재지의 노동쟁의 중재위원회에 중재를 신청하도록 명시하고 있다. 이는 노동법에 따라 지방 정부가 설치한 중재 기구로서 노동 사회 보장국, 노조, 고용주를 대표하는 사람들로 구성된다. 각급 정부의 노동쟁의 중재위원회는 다른 행정기구에 부속되지 않는다.

---

1) 인력부와 노동 사회보장부의 합병으로 새로 설립된 부처.

11장

부동산
Real Estate

1. 부동산

1.1. 토지 및 토지 사용권

중국 법에 따르면 모든 토지는 국가나 집체가 소유한다. 이처럼 토지의 소유권이 공공에 있으며 따라서 민간 매각이나 임대를 통해 처분하는 것이 불가능한 배경에서 중국 법은 토지 양도를 허용하고자 토지 소유권 대신 토지 사용권이라는 개념을 도입했다. 토지 사용권은 중국의 부동산 법제를 이해하는 데 반드시 필요한 개념이다.

1.2. 토지 소유권

중화인민공화국 헌법은 토지를 소유권에 따라 국유지와 집체 소유지로 분류한다. 국유지란 국가가 소유한 토지이며 집체 소유지는 지방의 농민들이 결성한 집체 경제 단체가 소유한 토지를 말한다.

쉽게 말해서 집체 소유지는 집체 경제 단체가 농업 목적으로만 이용할 수 있는 토지다. 따라서 양도를 하거나 다른 개인이나 국내외 기업이 이를 사용하는 것은 불가능하다. 국유지의 소유권 역시 양도가 불가능하지만 타인이나 다른 조직이 이를 사용하는 것은 가능하다.

1.3. 국유지의 사용권

정부의 할당과 불하에 의해 개인 기업이 국유지 사용권을 행사할 수 있다.

국유지에 대한 할당 사용권은 무상으로 제공된다. 그러나 할당 사용권이 제공되는 것은 극히 일부의 경우이다. 그 대상은 정부, 국유 기업, 군으로 제한되며 해당 국유지는 도시 인프라, 공공복지 등의 목적을 위해서만 사용할 수 있다. 할당 사용권은 불하 사용권으로 전환하지 않는 한 (FIE 등) 제3자에게 양도나 임대할 수 없다.

국유지에 대한 불하 사용권은 중국 국내 기업이나 FIE가 정부에 불하금을 지급하고 얻는 사용권이다. 불하 토지 사용권은 양도와 임대가 가능하다.

이후 이 책에서 '토지 사용권' 이라 함은 불하 사용권만을 지칭하는 것임을 참고하기 바란다.

1.4. 토지 사용권의 용도와 기간

토지 사용권은 무기한이 아니며 기간이 한정되어 있다. 또한 이를

용도	기간(년)
주거	70
공업	50
교육, 과학, 문화, 위생, 체육	50
종합, 기타	50
상업, 관광, 오락	40

[표 11.1] 토지 사용권의 용도와 기간

행사하는 데는 반드시 구체적인 용도가 있어야 한다. 예를 들어 공업에 종사하는 FIE의 경우에는 공업 용지 사용권을 취득해야 한다.

1.5. 토지 사용권의 종료

정해진 기간이 만료되거나 정부가 공익을 목적으로 해당 토지를 회수할 경우 토지 사용권이 종료된다. 후자의 경우, 정부는 토지 사용권자에게 보상금을 지급할 의무가 있다. 사용권자가 불하 당시 체결한 계약 조항을 위반해도 사용권이 종료될 수 있다.

사용권자는 기간 만료 즉시 사용권 갱신을 신청할 수 있다. 그러나 주거용 토지 사용권은 그러한 신청이나 정부의 인허가 없이도 자동 갱신이 가능하다.

토지 사용권이 갱신되지 않은 경우, 정부는 사용권자에게 그 어떠한 보상금도 지급하지 않고 사용권을 회수할 수 있다.

그러나 아직까지 기간이 만료된 토지 사용권이 없으므로 갱신 시스템이 실제로 시행된 적은 없다. 그러므로 사용권 갱신에 관해 중국 정부가 어떠한 정책을 도입할지는 아직 불투명하다고 볼 수 있다.

1.6. 토지 사용권의 취득

토지 사용권을 취득하려면 정부 당국으로부터 토지 사용권을 매입해야 한다. 이를 중국 법에서는 토지 사용권의 '불하' 라고 지칭한다. 또는 민간 소유자로부터 토지 사용권을 매입하기도 한다. 중국 법은 이를 토지 사용권의 '양도' 라고 정의하고 있다.

1.7. 토지 사용권의 불하

정부는 토지 소유 주체로서 특정 용도로 일정 기간 토지를 사용하고자 하는 당사자와 불하 계약을 체결한 후 토지 사용권을 배정하고 그 대가로 불하금을 수령한다. 국가로부터 불하받은 토지 사용권은 시장에서 거래할 수 있다. 즉 이러한 사용권은 제3자에게 양도, 임대하거나 담보로 사용할 수 있다.

현재 상업, 관광, 오락, 주거, 공업용 토지 사용권은 입찰, 경매, 협의 등 공개 절차를 거쳐 불하 받아야 한다. 이는 불하 절차를 투명하고 공정하게 운영하려는 목적이다.

1.8. 토지 사용권의 양도

사용권자는 매각, 교환, 기부 등의 방식으로 제3자에게 사용권을 양도할 수 있다.

그러한 양도의 대상이 되는 것은 불하 사용권으로 제한된다. 다시 말해 토지 사용권을 양도하려면 불하 절차부터 거쳐야 한다.

국가는 토지 사용권의 양도 계약 당사자가 될 수 없지만 기존에 원 사용권자와 국가나 기존 사용권자가 체결한 불하 계약에 따라 양수인에 대해 자동적으로 법적 구속력을 띠게 된다. 또한 불하 토지 사용권의 양도는 다음 조건을 충족해야 한다.

- 양도 당시 불하금 전액을 완납하고 토지 사용증을 발급받은 상태여야 한다.
- 건설 공사의 경우, 투자 총액의 25% 이상이 해당 공사에 투입된 상황이어야 한다. 토지 개간 사업의 경우, 토지 개발면적이 넓을 경우에는 공업용지 또는 기타 건설 용지 조건에 따라 개간된 것이어야 한다.
- 양도 당시에 건물이 이미 완성된 상태일 경우, 건물 소유권 증

서도 확보해야 한다.

토지 사용권을 매입하려는 투자자는 사전 실사를 통해 해당 사용권의 현황을 반드시 확인하길 바란다. 특히 담보권이 설정되어 있지는 않은지, 용도는 무엇인지, 기간은 어느 정도인지 파악해야 한다.

1.9. 임대

사용권자는 해당 사용권은 물론 토지 위에 건설한 건물과 그 부속물을 유상 임대할 수 있다.

불하 토지 사용권을 임대하는 경우, 임대 계약을 체결한 이후 불하 계약을 체결해야 한다.

기존 불하 계약서에 명시된 토지 개발 관련 조항이나 용도를 준수하지 않을 경우에는 임대가 명시적으로 금지된다.

현재 소재지의 주무 당국에 임대 계약서를 등기하는 것이 관행이나 등기가 의무 사항이 아닌 경우도 있다. 그러므로 사안별로 해당 당국을 접촉하여 구체적인 내용을 문의해보길 강력히 권고한다.

1.10. 담보

사용권자가 은행 대출 상환 등의 채무를 이행할 것을 보증하기 위해 토지 사용권을 담보로 사용하는 것도 가능하다. 이때 담보권 설정자(mortgager)와 담보권자(mortgagee)는 반드시 담보 계약을 체결하거나 담보 조항을 삽입해야 한다. 그런 다음 소재지의 주무 당국에 해당 계약서를 등기해야 효력이 발생한다. 토지 사용권이 담보로 사용되면 해당 토지에 건설된 건물도 자동으로 담보가 된다.

1.11. 건물 소유권

중국 법에 따르면 건물의 소유권은 토지의 경우와 다르다. 건물은 민간이 소유하는 것이 가능하며 따라서 매각, 임대, 담보 등의 처분 대상이 된다. 그러나 원칙적으로 건물 소유권은 항상 해당 건물이 건설된 토지 소유권의 기간에 좌우된다. 토지 사용권을 만료 후 갱신하지 않는다면 지상 건물은 토지와 함께 국가로 귀속되며 이때 보상금도 지급받을 수 없다.

1.12. 권리 증서

토지 등기는 사용권 등기와 부동산 등기로 나뉜다.

토지 사용권 등기를 하려면 사용증 발급 대상인 토지의 사용자에 관한 정보를 정확히 제출해야 한다. 등기를 마치면 사용증이 발급되는데 이는 소유권을 증빙하는 문서다. 현급 이상의 토지 등기소가 이러한 자료의 보관을 담당한다.

부동산 등기를 하려면 부동산 소유권 증서 발급 대상인 건물 소유자의 정보를 정확히 제출해야 한다. 등기를 마치면 소유권 증서가 발급되는데, 이는 부동산의 소유권을 증빙하는 문서다. 현급 이상의 부동산 등기소가 이러한 자료의 보관을 담당한다.

이처럼 등기 시스템이 이원화되어 있으나 상하이와 광저우 등 일부 대도시에서는 두 가지 시스템이 통합되었다. 등기소가 통합되면서 부동산 사용권과 건물의 소유권을 한 가지 증서가 증빙하게 되었다.

2. 부동산 부문에 대한 외국인 투자

2.1. 정의

최근 수년 새에 외국인이 중국 부동산에 투자하는 일이 급격히 늘어났다. 부동산 업계에 외국으로부터 대규모 자금이 유입되면서 중국 당국은 기존에 비해 외국인의 부동산 투자 요건을 강화했다. 중국 법은 외국인이 부동산 개발이나 이용을 추진하려면 외상 투자 부동산 기업(Foreign Invested Real Estate Enterprise, 이하 FIREE)을 설립해야 함을 명시한다. 외국인 개인이 개인적인 용도로 부동산에 투자를 하려면 한층 엄격한 요건을 충족해야 한다. FIREE는 수익 창출을 목적으로 부동산을 개발하거나 이용하는 기업이다. 투자 대상 토지의 용도에 따라 FIREE는 주거용, 상업용, 공업용으로 나뉜다.

중국 법에 따르면 부동산 개발과 이용 간에는 차이가 있다. 전자는 건물을 시공하고 건물이나 부지를 매각하거나 임대하는 것을 의미하며 후자는 임대차를 목적으로 건설 준비가 완비된 부지나 완성된 건물을 매입하는 것을 의미한다.

2.2. FIREE의 설립

『외국인 투자 산업 지침서』의 최신판에 따르면 외국인의 부동산 투자는 3가지 범주로 나뉜다.

- 투자 허가 : 대형 테마파크의 개발과 운영, 일반 주거 시설 개발, 기타 부동산 개발
- 투자 제한 : 고급 호텔, 고급 빌라, 고급 사무용 건물, 국제회의 전시장의 개발과 운영, 개발한 부동산을 소비자에게 양도

하는 2급 부동산 시장 거래, 부동산 소개업, 대규모 토지 개발
  · 투자 금지 : 골프장의 건설과 운영

『외국인 투자 산업 지침서』의 최신판에서 2004년 판과 차이를 보이는 관련 내용은 다음과 같다.

  · 일반 주거 시설 개발은 투자 장려에서 투자 허가로 변경되었다. 현재 외국인의 부동산 투자는 투자 장려 대상이 아니다.
  · 대형 테마파크의 건설과 운영은 해당 분야에 대한 제한이 완화되면서 투자 제한에서 투자 허가로 변경되었다.
  · 2급 부동산 시장 거래와 부동산 소개업은 투자 제한 대상으로 새로이 추가되었다. 2급 부동산 시장 거래가 무엇인지는 아직도 명확하지 않다. FIREE가 개발된 부동산을 매입하는 것이 투자 제한으로 간주될 것인지는 좀 더 두고 봐야 한다.
  · 골프장 건설과 운영은 투자 금지 대상으로 변경되었다. 이제 외국인 투자자가 골프장 사업에 투자하는 것은 불가능하다.

『외국인 투자 산업 지침서』의 최신판에는 중국 정부가 외국인의 부동산 투자를 억제하고자 하는 의도가 여실히 드러난다.

2.3. 설립 절차

FIREE를 설립하는 데는 대개 일반 FIE와 같은 절차와 요건이 적용된다.(자세한 내용은 5.2.15항을 참조하라.) 그러나 앞으로 살펴보겠지만 FIREE에만 적용되는 요건도 있다.

2.4. 토지 사용권의 취득

중국 법은 토지 사용권의 취득과 FIREE의 설립을 연계시켜 놓고 있다.

외국인 투자자가 FIREE 설립에 대해 상무부의 인허가를 받으려면 먼저 소재지의 토지 당국, 토지 개발업자, 또는 토지 소유자로부터 부동산의 사용권이나 소유권을 확보하거나 그러한 토지나 부동산의 사용권이나 소유권 양도 계약을 사전에 체결해야 한다.

상무부는 인허가 즉시 1년 기간의 인허가증을 발급한다. 또한 등기가 완료되면 소재지의 행정 관리국에서 1년 기간의 영업 허가증이 발급된다. FIREE가 불하금을 지급하고 사용증을 취득함으로써 토지 사용권이나 소유권을 최종적으로 확보하게 되면 이러한 임시 인허가증과 영업 허가증을 (토지 사용권의 기간에 맞춰) 정식 인허가증과 영업 허가증으로 전환할 수 있다.

2.5. 등록 자본금

중국 법에 따라 부동산 개발업에 종사하는 FIREE는 최소한 다음과 같은 요건을 충족해야 한다.

- 등록 자본금이 1백만 위안 이상이어야 한다.
- FIREE는 부동산 전문가나 건설 전문가를 4인 이상 정직원으로 고용해야 하며 정식 자격증이 있는 회계사를 2인 이상 정직원으로 고용해야 한다.

또한 주무 당국에 부동산 개발 자격증을 신청해야 한다. 부동산 개발 자격증을 발급받지 못한 FIREE는 부동산 개발을 추진할 수 없다. FIREE가 맡을 수 있는 사업 규모는 취득한 개발 자격증의 등급에 따라 다르다.

자격증에는 네 가지 등급이 있으며, 등급이 높을수록 수주할 수 있는 사업 규모도 작아진다. 성급 정부 당국은 대개 등록 자본금의 하한선 등 부동산 개발 자격증을 취득할 수 있는 요건을 규정해놓고 있다. 등록 자본금의 하한선은 말 그대로 최소한도를 의미하며 부동산 개발 사업의 종류나 규모에 따라 더 높은 하한선이 적용되기도 한다.

부동산 이용 사업을 영위하는 FIREE의 경우, 위에서 언급한 대로 등록 자본금의 하한선이 명시되어 있지만 실제로는 계획하는 사업을 추진하는 데 무리가 없을 정도로 거액의 등록 자본금이 필요하다. 예를 들어 임대할 부동산을 매입하는 데 지장이 없도록 등록 자본금의 액수도 커야 한다. 이러한 경우 등록 자본금이 적정한지 여부를 결정하는 재량은 대개 상무부에 있다.

2.6. FIREE에 적용되는 특별 요건

FIREE의 활동에는 일련의 제약과 요건이 적용된다. 특히 주목해야 할 점은 다음과 같다.

· 투자 총액이 300만 달러 이상일 경우, FIREE의 등록 자본금은 투자 총액의 50% 이상이어야 한다.
· FIREE는 해외에서 대출금을 차입할 수 없다.
· 외국인 투자자가 FIREE를 설립하여 부동산 개발업에 종사하려면 먼저 토지 사용권(이나 이를 취득할 수 있는 권리)이나 건물 소유권을 취득해야 한다.

2.7. 등록 절차와 투자 총액

2007년 6월에 발효된 관련법에 따라 FIREE는 상무부에 등기해야 한다. 그렇지 않을 경우, 외환 등기 절차를 마칠 수 없어 외환 계좌를 개설할 수 없으며 자연히 해외에서 그러한 계좌로 송금하는 출자금도 수취할 수 없다. 따라서 기업으로서의 경상 활동을 전혀 추진하지 못하게 된다.

FIE와 관련하여 5.2.5항에서 언급한 바와 같이 FIREE의 투자 총액도 등록 자본금보다 커야 한다. 다만 일반 FIE와 달리 FIREE의 투자 자금은 해외 대출로 충당할 수 없다. FIREE가 해외에서 자금을 차입하는 것이 원천적으로 금지되어 있기 때문이다.

대체적으로 투자 총액이 등록 자금과 같거나 해외에서 대출금을 차입하지 않는다는 데 FIREE가 동의할 경우, 상무부는 해당 FIREE의 등기를 승인한다.

2.8. 고정 수익과 자금 조달

중국 법은 현재 FIREE가 자사 주주에게 고정 수익의 일부 또는 전부를 지급하는 것을 금한다. 해외 대출금을 차입할 수 없는 것뿐만 아니라 등록 자본금이 완납되지 않았거나 토지 사용증을 발급받지 못한 FIREE는 중국 내 대출도 받을 수 없다.

2.9. 개발과 이용

부동산 개발에 종사하는 FIREE는 설립과 토지 사용권 취득 이후에 부동산 사업의 설계와 건설에 착수할 수 있다. 중국 법이 명시하는 부동산 매각 조항에 부합할 경우, 부동산 사업을 완공하기 이전에도 이를 매각하는 데 필요한 조치를 취할 수 있다. 사업 계획에

따라 FIREE가 해당 부동산을 매각하고 회사를 청산하는 대신 임대
목적으로 부동산을 그대로 보유하기도 한다.

부동산 이용 사업을 영위하는 FIREE는 일반적으로 임대용으로
완공된 건물이나 단지를 매입한다. 앞서 언급했듯이 이러한 사업에
종사하려면 중국 법에 따라 FIREE를 설립해야 한다. 일부 지역에
서는 매입하는 부동산이 적어도 건물의 한 층 전체여야 하며 그렇지
않을 경우, 당국에서 FIREE의 설립 인허가증을 발급해주지 않기도
한다. 또한 일반 FIE는 부동산 이용 사업에 종사할 수 없다. 애초에
부동산 사용권을 취득할 당시 자사만이 사용하겠다는 조건에 따라
계약을 맺었기 때문에 부동산 이용을 추진할 경우, 법규를 위반하는
셈이 된다.

2.10. 외국인 개인이나 (FIREE를 제외한) 법인의 부동산 취득

중국 법은 외국인 개인이나 FIREE를 제외한 법인의 부동산 취득
을 허용하지만 두 가지 단서가 있다.

- 부동산은 외국인 개인이든 외국 법인이든 매입한 당사자만이
  이용해야 한다.
- 외국인 개인의 경우, 취업이나 연구 목적으로 1년 이상 중국
  에 거주한 사람이어야 한다. 외국 법인의 경우, 외국 기업이
  중국에 설립한 지점이나 대표 사무소여야 한다.

2.11. 주무 당국

외국인의 부동산 투자를 관리하는 주무 당국은 다음과 같다.

2.11.1. 토지청(Land Authority)

토지청은 토지 사용권 불허, 불허 계약 체결, 토지 사용증 발급, 토지 사용권 등기증 보관 등 토지 사용권과 관련된 업무를 담당하는 기구다.

2.11.2. 부동산청(Real Estate Authority)

부동산청은 부동산 매각, 부동산 소유권 증서 발급, 부동산 등기증 보관 등 부동산과 관련된 사안을 담당하는 기구다.

2.11.3. 도시 계획청(Urban Planning Authority)

도시 계획청은 계획 인허가, 설계도 인허가, 허가증 발급 등 도시 계획과 관련된 사안을 다루는 기구다.

2.11.4. 건설청(Construction Authority)

건설청은 부동산 개발 자격증 인허가, 건설 허가증 발급, 건축도면의 인허가 등 건설과 관련된 사안을 담당하는 기구다.

2.11.5. 기타

그 이외에도 각급 정부의 국가 발전 개혁 위원회와 상무부 내 주관 부서, 소방 당국, 공원 관리 당국, 환경 보호 당국 등 역시 각자의 업무 영역과 관련된 부동산 업무를 담당한다.

12장
분쟁 해결과 방지
Dispute resolution and prevention

외국인 투자자가 중국에서 사업을 추진하다 보면 (개인이나 기업 등) 중국 측 파트너나 당국과의 분쟁에 휘말리는 일이 이따금 있다. 이러한 분쟁은 FIE의 중국 투자나 경상 활동과 관련된 상사 분쟁(商事分爭)인 경우가 대부분이다. 이러한 분쟁의 해결책도 사안별로 다르다.

분쟁이 해결되는 방식은 주로 협상, 조정, 소송, 중재 등 4가지로 나눌 수 있다. 분쟁이 있을 경우, 각자의 현재 입장에 적합한 방식으로 분쟁을 해결하도록 한다.

1. 협상

협상은 분쟁을 해결하는 데 가장 적합한 방식이다. 중재나 소송에 비해 비용이 덜 들고 당사자 간 관계를 계속 유지할 수 있다는 장점도 있다. 반면에 중재와 소송을 거치면 분쟁 당사자의 관계는 결렬되기 마련이다. 분쟁 해결 방식 중에서도 당사자 간 분쟁을 초기에 해결하기 위한 방법으로 계약서상에 가장 자주 포함되는 조항이 바로 협상이다. 이처럼 협상은 분쟁 해결에 가장 적합한 방식으로 간주되지만, 항상 당사자 간의 합의로 이어지는 것은 아니다.

2. 조정

조정은 일반적으로 법적 강제성이 없는 방식이다. 분쟁 당사자가 조정인에게 각자 제안서를 제출하면 조정인은 그에 따라 결정을 내린다. 조정으로 분쟁이 해결되는 일이 갈수록 늘어나고 있으며 분쟁이 중재나 소송으로 이어지는 경우에도 중재 재판소나 법원이 당사자에게 쌍방의 관계는 유지하되 좀 더 만족스럽고 신속하게 분쟁을 해결할 수 있는 방안으로 조정을 권고하는 일이 많다. 중재나 소송 과정에서 중재 재판소나 법원까지 가기 전 단계로 시행되는 조정은 법적 강제성을 띤다.

3. 중재

사업 계약을 체결할 때는 분쟁 해결의 방식으로 소송 조항이나 침묵 조항 대신 중재 조항을 넣는 것이 유리하다. 분쟁이 발생하고 협상을 통해 해결되지 않을 경우, 향후에 권리를 집행할 수 있는 가장 확실하고 강력한 수단이 바로 중재다.

3.1. 중국의 중재

원 계약서와 별도의 계약서에 분쟁의 해결 방식으로 중재 조항을 명시적으로 삽입할 경우 중재로만 분쟁을 해결할 수 있음을 주의해야 한다. 중국 법에 따라 중재 계약서나 다른 계약서의 조항에는 중재를 분쟁 해결 방식으로 사용할 것임을 명시하고 계약 당사자가 합의한 구체적인 중재 기관을 지정해야 한다. 계약서에 구체적인 중재 조항이 없을 경우, 분쟁이 일어나면 중국 법원이나 기타 관련 법원이 이를 해결해야 한다.

중국에서는 소송보다는 중재로 분쟁을 해결하는 편이 더 유리하다. 가장 큰 장점은 중재 판결을 번복할 수 없다는 것이다. 반면 소송은 법원 판결에 상소가 제기될 경우, 몇 년씩 장기화될 수도 있다. 소송의 문제점은 무엇보다 중국에서 전문 법조인을 판사로 임명하기 시작한 것이 비교적 최근의 일이라 대부분의 판사가 자격이 불충분하며 경험도 부족하다는 데 있다. 반면에 중재를 하면 전문적이고 해당 분야에 대해 훌륭한 자격을 갖춘 중재인이 투입된다. 따라서 중재 판결의 수준이 일반 법원 판결보다 뛰어나다. 단, 중재는 비밀리에 진행되며 정확한 절차가 없다. 특히 지방 정부나 중국 측 분쟁 당사자의 영향에 휘둘리기도 쉽다.

관련법에 따라 외국과 관련된 당사자와의 중재 신청은 항상 해외 중재 기구나 중국 중재 재판소에 제기해야 한다. 그렇지 않은 경우, 중국의 중재 기구에만 중재 신청을 제기할 수 있다.

중국의 주요 중재 기구로는 중국 경제 무역 중재 위원회(China International Economic and Trade Arbitration Commission, 이하 CIETAC)와 해상 분쟁을 다루는 중국 해상 중재 위원회(China Maritime Arbitration Commission, 이하 CMAC)가 있으며 그 이외에

도 지방의 분쟁 조정 위원회가 있다.

중국의 중재 기구로는 CIETAC가 가장 널리 알려져 있다. 중국 정부가 세운 중재 기구이긴 하지만 CIETAC은 현재 독립 기구로 발전했으며 외국인 투자자들 사이에서 평판도 좋다. 또한 중국 기업도 해외 중재 기구보다 CIETAC의 판결을 훨씬 더 기꺼이 수용하는 경향이 있다. 국제상공회의소(International Chamber of Commerce)가 발표한 순위에 따르면 CIETAC은 세계에서 연간 가장 많은 분쟁을 다루고 있는 중재 기구 가운데 하나다.

CIETAC은 2005년 중재 규정을 개정한 이후에 한층 더 국제 중재 관행에 가까워지는 모습을 보여주고 있으며 외국인 투자자에 대해서도 좀 더 유연한 태도를 취한다. 현행 CIETAC의 규정에 따르면 분쟁 당사자가 중재 패널의 요건이나 세부 사항에 대해 사전에 합의하고 결정할 수 있다. 또한 (CIETAC의 중재인 명단에 속하지 않더라도) 국적과 상관없이 자격을 갖춘 사람을 중재인으로 지정할 수 있다. 중재는 당사자 쌍방이 합의한 장소에서 영어로 진행된다. 또한 승소한 당사자가 중재 비용 전액을 부담해야 할 가능성이 있다.

CIETAC의 중재 비용에는 사건 수락 비용과 처리 비용이 포함된다. 이 가운데 사건 수락 비용이란 중재인에게 지급하는 예납금과 중재 절차를 진행하는 과정에서 일반적으로 필요한 지출을 의미한다. 처리 비용에는 중재 청문회 기간 동안 필요한 업무를 진행하는 데 드는 비용과 중재인, 목격자, 번역사 등의 숙박료와 교통비가 포함된다.

CIETAC과 CMAC 이외에도 중국 대도시에는 지방의 중재위원회가 있다. 원래 국내 분쟁을 청취하기 위해 설립되었으나 외국과 관련된 분쟁을 청취하기도 한다. 그러나 아직 지방의 중재위원회는

CIETAC에 비해 정부와 상당히 유착된 양상을 띤다. 또한 지방중재 위원회에 가기도 전에 중국 법원이 관할 법원이 되어 중재 기간 동안에 제기된 문제를 해결하는 일도 있다. CIETAC과 달리 지방 중재 위원회가 중재를 주관할 경우, 외국인을 중재인으로 지정할 수 없다.

3.2. 국제 중재

중국에 있는 중재 기구의 대안으로 국제상공회의소, 홍콩 국제중재센터(Hong Kong International Arbitration Center), 싱가포르 국제중재센터(Singapore International Arbitration Center)를 이용할 수도 있다. 그러나 중국 측 당사자에 국제기구가 내린 중재 판결에 승복하도록 하는 일은 그리 쉽지 않다.

해외의 중재 기구 대신 CIETAC의 중재 판결을 집행하는 것이 훨씬 더 용이하지만, 원칙적으로 해외의 중재 판결 역시 중국에서 강제성을 띤다. 중국은 외국 중재 판결의 승인과 집행에 관한 뉴욕협약(New York Convention on the Recognition and Enforcement of Foreign Arbitration Arwards)의 회원국이기 때문이다. 그러나 해외의 중재 판결을 집행하는 것은 제대로 된 법률 교육을 받은 인력의 부족, 중국에 만연한 보호주의, 늑장 판결 집행 등 몇 가지 이유에서 상당히 까다롭다는 사실이 입증되었다.

4. 소송

중국에서 활동하는 외국인이나 외국 기업은 중국 국민이나 중국 국내 기업과 동등한 조건에 따라 법정 소송을 제기할 수 있다.

앞서 2.2.1항에서 설명했듯이 중국의 법원은 기층 인민 법원, 중급 인민 법원, 고급 인민 법원, 최고 인민 법원 등 4가지로 나뉜다. 1심의 경우, 각급 법원의 재판 관할권은 해당 분쟁이 사회에 끼치는 중요성, 분쟁의 성격, 청구하는 배상금 액수에 따라 달라진다.

일반적으로 가장 많은 분쟁 관련 사건을 청취하는 것은 기층 인민 법원이다. 그러나 분쟁의 성격에 따라 외국 기업이 중급 인민 법원에 직접 소송을 제기하는 경우도 있다. 중급 인민 법원은 기층 인민 법원에 비해 좀 더 전문적이며 공정한 것으로 알려져 있다.

중국에서는 2심이 최종 재판이다. 이는 중급 인민 법원의 판결이나 기층 인민 법원의 명령에 불복하여 상급 법원에 상소를 제기하는 일이 한 번만 가능하다는 뜻이다. 각급 법원이 내린 1심의 판결이나 명령은 상소를 제기할 수 있는 기간이 끝난 후에도 상소가 이루어지지 않을 때 법적으로 효력을 발휘한다. 2심 법원에서 내린 판결이나 명령은 즉각적으로 효력을 발휘하며 이에 대해 상소를 제기하는 것은 불가능하다. 그러나 당사자가 조정에 합의할 경우, 합의를 번복하고 상소할 수 없으며 합의 결정은 당사자 모두에 강제성을 띤다.

중국 법에 따르면 사건이 매우 복잡하거나 달리 타당한 이유가 있지 않은 한 인민 법원은 6개월 동안 판결을 마무리해야 한다. 하지만 외국 기업이 관련된 사건에 대한 법원의 심리에는 법정 기한인 6개월보다 훨씬 더 많은 시간이 걸린다는 사실에 주의하도록 하자.

일반적으로 법정 소송 비용은 청구 액수에 비례하여 증가한다.

중국에서 소송을 제기할 경우 성공적인 결과를 얻기란 쉽지 않다. 준비를 철저히 하고 법률 자문과 원활한 의사소통을 할 필요가 있으며 현지 당국을 접촉하여 적절히 의견을 표명하는 것도 바라는 결과를 얻는 데 도움이 된다.

5. 분쟁의 방지

중국에서 사업을 추진하기 이전에 몇 가지 예방 조치를 취해 놓는다면 분쟁으로 치닫는 것을 미연에 방지할 수 있다. 그렇게 하면 분쟁 해결에 시간과 비용을 낭비하지 않아도 된다. 예방 조치를 취하더라도 분쟁을 원천 봉쇄하리라 장담할 수는 없지만 위험 요인이 크게 줄어드는 것만은 사실이다. 또한 반드시 법률 자문을 구해야 한다.

분쟁을 방지할 수 있는 예방 조치로는 다음과 같은 것들이 있다.

· 계약서에 계약 조건을 똑똑히 기재해야 한다. 무엇보다 지급 조항을 명료하게 명시하는 것이 가장 중요하다. 계약 기간 동안 계약 당사자 쌍방의 이행 조건 역시 매우 중요하다. 계약 기간 동안 이행되어야 할 조건과 분쟁의 해결을 상세히 명시해야 한다. 중국어 계약서와 영문 계약서가 일치하는지도 반드시 확인해야 한다. 또한 중국어 계약서와 영문 계약서가 서로 다르게 해석되는 경우, 영문 계약서가 우선한다는 조항을 삽입하는 것이 안전하다.

· 중국 측 파트너를 실사하라. 중국에서 사업을 하려면 '파트너를 아는' 것이 매우 중요하다. 따라서 종합적이고 철두철미한 실사를 통해 여러분의 중국 투자에 관련되는 당사자가

누구인지 확인하고 (재무, 법률, 시장 데이터 등) 중국 측 파트너에 대한 전반적인 정보를 수집할 필요가 있다. 상대방이 제공하는 정보에만 의존해서는 안 된다. 독자적으로 정보를 수집하라.

· 지급 보증을 받도록 하라. 지급 불능인 상대방을 상대로 법정 소송을 제기하는 것은 무의미하다. 따라서 상대가 지급 불능에 빠질 위험 가능성이나 그로 인한 피해를 줄일 수 있는 특별 보호 장치를 마련하는 것이 바람직하다. 중국의 외환 관련 규정을 숙지하여 지급 통화에도 각별한 주의를 기울여야 한다. 또한 신용장, 은행 보증, 기타 재정 보증 수단 등 보호 장치를 추가로 마련해야 한다. 하지만 현실적으로 중국계 은행 대다수가 이러한 보증 서류의 개념에 익숙하지 않고 발급해주지 않는 경우가 많다. 중국 측 파트너도 그러한 보증 서류를 제공하지 않으려 할 가능성이 크다.

· 법적으로 허용되지 않은 계약은 체결하지 마라. 지방 정부의 관료가 접근하여 투자만 하면 중앙 정부의 법규가 적용되지 않도록 손 써주겠다고 약속하는 일이 가끔 있다. 이러한 제의는 반드시 거절하도록 하라. 약속을 지킨다는 보장이 없기 때문이다. 투자를 할 때는 법적 근거가 탄탄한지부터 확인해야 한다.

· 믿을 만한 사람들로 현지 경영진을 구성하라. 중국에서 투자 목적으로 사업체를 설립할 경우, 신뢰할 수 있으며 외국 본사에 적극적으로 보고하고 협조적인 사람을 경영자로 영입해야 한다. 그래야 현지 경영자가 본사의 지시 사항을 따르지 않으려 하거나 회사 정보와 법인 인감을 소지한 채로 사라지는 일

을 미연에 방지할 수 있다. 가능하면 본사 출신을 경영자로 배
치하여 현지 경영을 맡기는 것이 가장 이상적이다.

Doing Business (Safely) in China

© *Francisco Soler Caballero, Alba Arqueros Tornos, Begona Suso Lazaro, Diego D'alma, Yunjie Si, Yifeng Jiang, Shu Sun, Pedro Lemos Carvalho, Ilana Wang, Tingting Li, Julian Yu, Lingyun Rao 2010*

© *J&A Garrigues, S.L.P.*

© *LID Publishing 2010*

Korean Translation Copyright © 2013 by T&H Press

This Korean edition published by arrangement with LID Editorial Empresarial, Madrid through Duran Kim Agency, Seoul

대 중국 투자 지침서

Doing Business (Safely) in China

2014년 1월 24일 초판 2쇄

지은이	프란치스코 솔레르 카바예로 외
펴낸이	오준석
옮긴이	서정아
교정교열	박기원
디자인	변영지
기획자문	변형규
인쇄	BOOKTORY www.booktory.com
펴낸곳	도서출판 생각과 사람들
	경기도 용인시 수지구 신봉2로 72
	전화 031-272-8015 팩스 031-601-8015 이메일 inforead@naver.com

· 잘못 만들어진 책은 구입처에서 교환하여 드립니다.

· ISBN 978-89-98739-00-3 13300